Michel Gauquelin

**ABC der
Charakterkunde**

Michel Gauquelin

ABC der Charakterkunde

Eine lebensnahe Einführung in praktische
Psychologie und Charakterkunde

Gondrom

Sonderausgabe für den Gondrom Verlag, Bindlach, 1987.

Aus dem Französischen übersetzt von Modeste zur Nedden Pferdekamp. Titel des
französischen Originals: «Connaître les autres», erschienen bei Bibliothèque du
CEPL, Paris. © by Centre d'Etude et de Promotion de la Lecture, Paris, 1970. –
Deutsche Ausgabe: © Albert Müller Verlag, AG, Rüschlikon-Zürich, 1976. – Nach-
druck, auch einzelner Teile, verboten. Alle Nebenrechte vom Verlag vorbehalten,
insbesondere die Filmrechte, das Abdrucksrecht für Zeitungen und Zeitschriften, das
Recht zur Gestaltung und Verbreitung von gekürzten Ausgaben und Lizenzausgaben,
Hörspielen, Funk- und Fernsehsendungen sowie das Recht zur foto- und klang-
mechanischen Wiedergabe durch jedes bekannte, aber auch durch heute noch unbekannte Verfahren.
Gesamtherstellung: Wiener Verlag, Himberg bei Wien. – Printed in Austria.

ISBN 3-8112-0526-9.

Inhaltsverzeichnis

Einleitung

Jeder braucht Menschenkenntnis

Der Mensch ist ein Gesellschaftstier. Allein ist er ein Nichts. Wir leben nur durch andere oder für sie. Gewiß hat ein jeder von uns seine persönliche Eigenart, seine eigenen Wünsche und Ambitionen. Soll es uns aber gelingen, sie zu befriedigen, müssen wir uns mit den «anderen» auseinandersetzen.

Die anderen, das sind die Menschen, mit denen wir es im täglichen Leben zu tun haben – unsere Familie oder unsere Arbeitskollegen, aber auch Fremde, denen wir zufällig begegnen, am Arbeitsplatz, auf der Reise oder unter den verschiedensten Umständen. Diese anderen haben ebenfalls ihre Wünsche. Mag sie noch so höflich und liebenswürdig sein – bei einer Begegnung stehen sich zwei Persönlichkeiten gegenüber, von denen jede ihr eigenes Ziel verfolgt, offen oder insgeheim.

Wer da die anderen zu durchschauen versteht, ist natürlich im Vorteil gegenüber dem, der es nicht vermag. Versäumt man es, sich klarzuwerden, mit wem man es zu tun hat, so fehlt gewissermaßen der Kompaß; wir unter- oder überschätzen unsere Mitmenschen, begehen Fehler, treffen falsche Entscheidungen und – was wohl noch schlimmer ist – lassen uns gar beeinflussen, ohne es auch nur zu merken.

Jeder braucht Menschenkenntnis – der Chef eines Unternehmens, der zum ersten Mal einen künftigen Mitarbeiter oder einen Kunden vor sich hat; der junge Mann oder das junge Mädchen, die eine gleichgestimmte Seele suchen; der Kaufmann oder der Vertreter, der über psychologische Intuition verfügen muß; Eltern, die sich um ein besseres Verständnis für ihre Kinder bemühen; schließlich auch der Sportler, der Gefahr läuft, zu unterliegen, wenn er die Schwächen seines Gegners nicht zu durchschauen versteht.

Andere zu durchschauen, ist *dringend* und *stets* nötig. *Dringend,* da es uns leicht passieren kann, daß wir uns mit Menschen verbinden, die im Zusammenleben kennenzulernen wir nicht genügend Zeit und Gelegenheit hatten. So aber gehen wir rasch – zu rasch – von Erwartungen aus, in der Hoffnung, daß sie sich nicht als irrig erweisen. Und *stets,* weil man niemals sicher sein kann, daß man die Menschen, mit denen man täglich zusammen ist, wirklich kennt. Würde sich nicht mancher berufliche und familiäre Zusammenstoß vermeiden lassen, wenn wir die Menschen in unserer Umwelt richtig zu nehmen verstünden? Mißlingt es uns, so liegt das daran, daß wir sie nicht richtig kennen.

Wir müssen uns hier noch darüber einigen, was wir unter «Menschenkenntnis» verstehen wollen. Auf jeden Fall heißt das zunächst, die Verschiedenheiten der Menschen zu erforschen. Da wird verglichen: «Dieser ist energischer als jener. Doch seine Gesundheit ist weniger gut, und er ist auch älter.» Den anderen zu kennen, bedeutet im weiteren Sinn, alles von ihm zu wissen: seinen Lebenslauf, sein Einkommen, sein Alter, seine Fähigkeiten und Neigungen bis zu seinen geheimsten Gedanken. Doch der Mensch ist kein Hellseher, und gewöhnlich kann man sich nur über bestimmte Dinge leicht Aufschluß verschaffen, wie zum Beispiel über das Alter oder erworbene Diplome. Menschenkenntnis heißt in unserem Sinn, das Persönlichste, den Charakter, das Temperament, die Art der Intelligenz eines Menschen richtig einzuschätzen. Die Entwicklung des Charakters hängt von den verschiedensten Einflüssen ab: von der Umwelt, der Erziehung, der Vererbung, von den Zufällen des Lebens. Aus all diesen Faktoren geht als Ergebnis dieses rätselhafte Ding hervor, das man «Persönlichkeit» nennt.

Ziel und Aufbau dieses Buchs

Ziel dieses Werkes ist, die verschiedenen wissenschaftlichen Methoden darzustellen, die die moderne Psychologie in dem Bemühen entwickelt hat, die «Persönlichkeitsstruktur» der Menschen zu erfassen.

Ein riesiges, doch begrenztes Thema: riesig, weil in der gesamten Menschheit nicht zwei Personen identisch sind; und begrenzt, da man sehr bald erkennt, daß es Charakter-«Familien» gibt, die gemeinsame Züge aufweisen, und daß es eine bestimmte Anzahl solcher «Familien» gibt. Der Charakter eines Menschen ist einmalig, was nicht hindert, daß man ihn einer bestimmten Kategorie zuordnen kann. Haben wir ihn richtig eingeordnet, erhalten wir den Schlüssel zu einem guten Teil seines Verhaltens.

In der Praxis sind diese Dinge indes recht komplex. So müssen wir planmäßig vorgehen:

Der erste Teil dieses Buches trägt den Titel «Die sieben Schleier des Charakters». Die Persönlichkeit besteht aus einer Reihe von Schichten. Die ersten sind relativ leicht zugänglich, geben uns aber nur oberflächlich über das Individuum Aufschluß: es sind seine Art, sich zu kleiden, seine Gebärden und sein Ausdrucksverhalten. Tieferen Einblick gewähren der Körperbau, die Form des Gesichtes, die physiologischen Anlagen. All diese Faktoren wirken sich auf den Charakter aus. Unter dem siebenten Schleier schließlich werden wir auf die Kräfte des Unbewußten treffen, die den tiefsten Grund des Charakters auskleiden.

Der zweite Teil des Buches nennt sich «Drei Wege zur Menschenkenntnis». Man kann einen Menschen noch nach anderen Kriterien beurteilen als nur nach seiner äußeren Erscheinung oder nach seinem Charakter: Die Prüfung seiner Schrift, seine Antworten auf Fragebogen oder Tests erlauben es, ihn einer psychologischen Familie zuzuordnen und den Aufbau seiner Persönlichkeit, seine Interessen, seine Wünsche und sogar bis zu einem gewissen Grad seine Komplexe besser zu verstehen.

Die Psychologie ist eine noch junge Wissenschaft. Wir werden überrascht sein über die Fülle von Zugangsmöglichkeiten, die sie uns bietet, und wir werden den Scharfsinn der Forscher bewundern, die sie entwickelt und angewendet haben. Doch verbirgt sich hinter diesem Reichtum noch manche Schwäche. Es gibt kein Wunderrezept für Menschenkenntnis, nur verschiedene Wege, die ineinander münden oder sich ergänzen. Alle erfordern sie persönliche Anstrengung, kritischen Verstand, ein gewisses Gefühl für die Relativität aller Dinge und schließlich auch Sinn für alles Menschliche.

Die anderen erkennen zu lernen, heißt ein neues Gespür zu erwerben, einen «psychologischen Sinn». Es heißt auch, sich selbst wie im Spiegel besser zu erkennen und sich gerechter unter all die «anderen» einzureihen, die uns die Wechselfälle des Lebens nur auf einen Tag oder für ein ganzes Leben zuführen.

Drei Übungen für die Leser

Seite 16   *Haben Sie gestaltpsychologische Intuition?*
Vier Fotos bekannter Persönlichkeiten werden Ihnen vorgelegt, vier Berufe werden Ihnen genannt. Ordnen Sie die Berufe den jeweiligen Persönlichkeiten zu.

Seite 100   *Haben Sie graphologische Intuition?*
Es geht darum, fünf Schriftbeispiele den jeweiligen Schreibern zuzuordnen.

Seite 142   *Verstehen Sie zu träumen?*
Es wird Ihnen ein Bild vorgelegt, dessen Inhalt nicht klar ist. Was ruft es in Ihnen wach? Hier sollen Sie mit einem sogenannten Projektions-Test bekannt gemacht werden.

Bei diesen drei Übungen geht es nicht darum, Sie einem Test zu unterziehen. Es sollen Ihnen nur die Augen geöffnet werden für die Probleme, die das Studium der Zusammenhänge zwischen Gestalt und Charakter, Handschrift und Charakter sowie die Erforschung durch Projektions-Tests mit sich bringt.

Abb. 1. Die sieben Schleier des Charakters.

Erster Teil

Die sieben Schleier
des Charakters

Der Mensch ist ein Gesellschaftstier. Leben heißt mit anderen leben, in der Familie, in der Schule, am Arbeitsplatz, unter Freunden.

Wer sind sie jedoch, diese anderen, mit denen wir durch Zuneigung oder gezwungenermaßen verbunden sind, wer sind jene Namenlosen auf der Straße oder in Verkehrsmitteln?

Selbst einem, dem es an Intuition mangelt, liefert die moderne Psychologie für diese unerläßliche Forschung die notwendigen Elemente. Schon beim ersten Ansatz entdeckt man, daß sich die Wahrheit des Menschen unter sieben Schleiern verbirgt:

Es sind dies Kleidung, Bewegungsverhalten, Körperbau, Maske des Gesichts, Umweltanpassung, die physiologischen Anlagen, die Tiefen des Unbewußten.

In dieser Reihenfolge wollen wir uns mit den Methoden beschäftigen, die diese sieben Schleier zu durchdringen suchen.

Haben Sie gestaltpsychologische Intuition?

Die meisten von uns beurteilen einen Menschen nach dem Gesicht. Diese Einschätzung erfolgt intuitiv, nicht aufgrund besonderer wissenschaftlicher Kenntnisse – vielleicht jedoch aufgrund von Erfahrung. Wie dem auch sei, manche Menschen haben eine Begabung dafür, andere nicht.

Abbildung 2 zeigt vier Fotos, Porträts von vier verschiedenen Männern. Jeder von ihnen hat eine andere Haltung, andere Interessen und einen jeweils ganz eigenen Charakter.

Die Porträts zeigen

- einen berühmten Forscher,
- einen großen Musiker,
- einen bekannten Politiker,
- einen angesehenen Gelehrten.

Sind Sie imstande, die Porträts A, B, C und D dem Beruf des jeweils Dargestellten zuzuordnen? Versuchen Sie es. Die Antwort findet sich unten.

Ob Ihnen diese kleine Übung gelingt oder nicht, die Lektüre der folgenden Kapitel wird Ihnen, so hoffen wir, verstehen helfen, warum Ihre Intuition Sie richtig oder in die Irre geführt hat.

A. Bela Bartok, Musiker
B. Emile Roux, Gelehrter
C. Roald Amundsen, Forscher und Entdecker
D. Palmiro Togliatti, Politiker

Porträt A

Porträt B

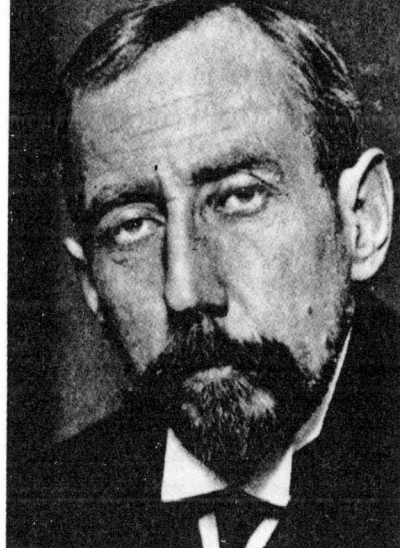

Porträt C

Porträt D

Abb. 2

Der erste Schleier:
Machen Kleider Leute?

Urteil und Vorurteil

Schauen Sie zwei, drei Sekunden lang jemanden an, der Ihnen gegenüber sitzt und dem Sie zuvor noch nie begegnet sind. Dann schließen Sie dreißig Sekunden die Augen, um sich über Ihren Eindruck klarzuwerden: «Mit der ganz kurzen Gesichtswahrnehmung hat sich ein komplexer geistiger Vorgang eingestellt, der zu Urteilen führt über das Geschlecht, das Alter, die Größe, die Nationalität, den Beruf und die soziale Schicht des Fremden, zusammen mit einer Abschätzung seines Temperaments, seiner persönlichen Schwierigkeiten, seiner Herkunft, seiner Freundlichkeit... und sogar seiner Zuverläßigkeit und Ehrlichkeit. Bei näherer Bekanntschaft würden sich viele Eindrücke ohne Zweifel als Irrtümer herausstellen» (G. W. Allport, «Persönlichkeit», Stuttgart 1949). Man bemüht sich, einen unmittelbaren umfassenden Eindruck der Persönlichkeit eines Menschen zu gewinnen; Nuancen und Unterscheidungen intuitiv festzustellen, ist jedoch sehr schwer.

Im allgemeinen neigen wir zu sehr dazu, nach der äußeren Erscheinung zu urteilen, wobei wir von Vorurteilen ausgehen, die wir schamhaft als Theorien bezeichnen. Schon der Gründer der Pfadfinder-Bewegung, Baden-Powell, gibt in seinem Buch «Pfadfinder» (Zürich 1923) den Rat, bei der Beobachtung von Menschen auf bestimmte «Zeichen» im Gang und an der Kleidung zu achten, die, wie er sagt, aufschlußreich sind: «Ist der Hut leicht auf eine Seite geneigt, so ist sein Träger gutmütig; wird er stark auf einer Seite getragen, so ist der Mensch ein Prahlhans; sitzt der Hut hinten am Kopfe, so ist der Mann ein schlechter Zahler; sitzt der Hut gerade auf dem Kopfe, so ist der Mann vermutlich ehrlich, aber nicht sehr begabt... Man hielt mir einmal vor, ich traue Männern mit gewichsten Schnurrbärten nicht. Nun, bis zu einem gewissen Grade stimmt das. Es bedeutet oft Eitelkeit und manchmal Vorliebe für geistige Getränke. Der Haarbüschel, den viele Burschen auf der Stirne tragen, ist sicherlich ein Zeichen von Dummheit.» Und die Schuhe werden für Baden-Powell zu wahren Spiegeln der Seele: «Die Schuhe sind gewöhnlich von allen Einzelheiten der Kleidung das beste Merkmal ... Es ist nämlich überraschend, wie viel man von der Schuhsohle sehen kann, wenn man hinter einer Person hergeht, und es ist ebenso überraschend, wie bedeutungsvoll der Schuh ist. Man sagt, daß das gleichmäßige Abnutzen der Sohlen und Absätze Zeugnis ablege von geschäftlicher Tüchtigkeit und von Ehrlichkeit; tritt einer die Absätze von der Aussenseite ab, so bedeutet das, daß er ein Mann von Einbildungskraft ist und Freude an Abenteuern hat; aber nach innen abgetretene Absätze bedeuten Schwäche und Unentschlossenheit des Charakters, und dieses Zeichen ist sicherer bei Männern als bei Frauen.»

Auch Erfahrungen aus neuerer Zeit lassen erkennen, wie stark wir uns von Äußerlichkeiten leiten lassen. Doch heute handelt es sich dabei weniger um gewichste Schnurrbärte als um Lippenrouge und Brille. Der Psychologe McKeachie führte 1952 eine Befragung von sechs Männern durch, die sich darüber äußern sollten, wie sie sechs Frauen aufgrund von zweiundzwanzig Merkmalen beurteilen würden. Diese den Männern nicht bekannten Frauen erschienen bei drei der Befragungen mit Rouge auf den Lippen, bei drei weiteren ohne Rouge. Resultat: Ohne Lippenrot wurden die Frauen als gewissenhaft, seriös und als angenehme Gesprächspartner eingeschätzt; mit Lippenrot wurden dieselben Frauen für frivol, auf Männer erpicht und für schlechte Gesprächspartner gehalten. Mit anderen Worten, die Leute hatten sich eine eigene Theorie über die Benutzung von Rouge zugelegt. Ebenso steht es mit den Brillenträgern. Der Psychologe Thornton machte einen ähnlichen Versuch: Er zeigte männlichen Versuchspersonen eine Reihe von Fotografien von Männern und Frauen. Auf einigen der Fotografien trugen sie Brillen, auf anderen keine. Resultat: Dieselben Personen wurden mit Brille häufiger für intelligent und ehrlich gehalten als ohne (H. C. Smith, «Personality Development», 1968). Die Lippenrot- und die Brillentheorie sind nur zwei Beispiele von vielen. In Wirklichkeit, mögen wir uns auch dagegen wehren, sind für uns Haartracht und Kleidung Zeichen, die psychologisch von Bedeutung sind.

Wir dürfen uns jedoch nicht damit zufriedengeben, unsere Mitmenschen einfach nach ihrer Kleidung, dem «ersten Schleier», zu beurteilen.

Abb. 3. Brille, Homburg, Ziertaschentuch...
oder Schirmmütze, Rollkragen, Kordsamt:
Die Wahl der Garderobe bringt Verhaltensweisen und Lebensstil zum Ausdruck.

Welcher von diesen beiden Männern ist intelligenter, überlegter, verantwortungsbewußter in seinem Handeln? Ihre Antwort wird von Ihrer eigenen Theorie über die Beziehungen zwischen Kleidung und Persönlichkeit abhängen. Da wir zu dem Glauben neigen, daß Leute, die sich ähnlich kleiden wie wir, uns auch sonst ähneln, wird unser Urteil über diese beiden Männer durch unsere eigene Haartracht und unseren Kleidungsstil beeinflußt.

Der zweite Schleier: Gebärden und Ausdrucks- verhalten

Manche Psychologen sind der Meinung, daß sich aus der Beobachtung der Körperbewegungen Schlüsse auf den Charakter ziehen lassen. So schrieb zum Beispiel Dr. Jean Bergès («Les Gestes et la Personnalité», Paris 1967): «Zwischen der Entwicklung der Persönlichkeit, der Entwicklung der Gebärden und gewissen Charakter-Eigenschaften läßt sich eine direkte Beziehung feststellen.»
Diese Meinung herrscht schon seit altersher, denn Ähnliches wird schon in der Bibel berichtet. In den Sprüchen (6, 12–13) heißt es, ein «loser Mensch, ein schädlicher Mann gehet mit verkehrtem Munde». Man erkenne ihn am «Winken» seiner Augen, seine Bosheit lasse sich aus der Bewegung seiner Füße, aus dem Spiel seiner Finger ablesen.

Analyse des Ausdrucksverhaltens

Die aufschlußreichsten Gebärden erfolgen nicht überlegt und konventionell, vielmehr sind sie Ausdruck unfreiwilliger, unbewußter Impulse. Solche Bewegungen und Gesten sind uns allen zu eigen. Dies wollte Philippe Halsman in seinem «Jump Book» (New York 1959) demonstrieren: Er bat eine Reihe von Leuten, einfach in die Luft zu springen. Sein Buch enthält eine Sammlung von Momentaufnahmen von springenden Menschen. Man ist verblüfft über die mannigfaltigen Arten des Springens, die nach Halsman durchaus psychologische Rückschlüsse zulassen. Abbildung 4 zeigt die «Sprünge» von drei von Halsmans Kollegen. Ein jeder von ihnen tut es auf seine Weise. Den Sprung des Professors zur Linken bezeichnet Halsman als «imponierend», den des mittleren als «freudig-explosiv», den des Professors zur Rechten als «schlicht und bescheiden».

Abb. 4. Aus Philippe Halsman, «Jump Book», New York 1959.

Zwei angesehene amerikanische Psychologen, Gordon W. Allport
und Philipp Vernon, haben ein mittlerweile klassisches Experiment
durchgeführt. Sie maßen eine große Anzahl von Ausdrucksbewegungen an den verschiedensten Personen, zum Beispiel die Länge des
Schrittes beim Gehen. Dabei stellten sie fest, daß 1. die von den verschiedenen Gliedern und Körperteilen ein und derselben Person
ausgeführten Ausdrucksbewegungen gleichartig sind, 2. daß sie dies
auch bei vielen Wiederholungen bleiben. Die Bewegungen eines Individuums sind also gleichbleibend und charakteristisch.
Nach Allport und Vernon lassen sich die Bewegungen nach Verhaltensweisen beschreiben. Es gibt drei Grundarten solchen Verhaltens:
Expansive Bewegungen (mit der Tendenz, Raum in Anspruch zu

22

nehmen), zentrifugale Bewegungen (mit der Tendenz zur Ausführung von vom Körper weg verlaufenden Bewegungen) und intensive Bewegungen (mit der Tendenz zur Nachdrücklichkeit).

Gebärde und Persönlichkeit

Die Gebärde ist eine der ursprünglichsten Formen der Verständigung mit unseren Mitmenschen. Nach Bergès ist sie eine Art Sprache. Zum Beispiel: Hält sich jemand in einigem Abstand von mir auf und ich gebe mit der Hand ein Zeichen, das soviel heißt wie «komm her», so wird er das verstehen. Es war also eine «sprechende» Gebärde. Doch gibt es auch die «handelnden», die Gewohnheitsgebärden, mit denen wir bestimmte Dinge zu tun pflegen, zum Beispiel Akten auf einem Tisch sortieren oder eine Zigarette anzünden. Bergès schreibt: «Verständigungsgebärden wie Gewohnheitsgebärden sagen etwas über uns aus. Ebenso verraten sie uns insofern, als unsere Gebärden «Anspielungen» sind, die uns entschlüpfen. Durch Studium der «handelnden» Gesten vor allem können wir eine Art Schlüssel gewinnen, mit dessen Hilfe wir uns vielleicht das eine oder andere Geheimnis der Persönlichkeit unserer Mitmenschen zu erschließen vermögen.»

Der Schlüssel zu einigen Gebärden
Sitzen: Es gibt Tausende von Möglichkeiten, auf einem Stuhl oder in einem Sessel zu sitzen. Das werden Sie sehr schnell erkennen, wenn Sie sich die Menschen in einem Warteraum ansehen. Der eine hält sich steif aufgerichtet, ohne sich der Armlehnen zu bedienen oder sich anzulehnen; er sitzt nur knapp am Rand der Sitzgelegenheit. Dieser Mensch ist nicht ungezwungen, es fehlt ihm an Initiative, und seine Neigung zum Gehorsam beruht vor allem auf einem Mangel an kritischem Geist. Darüber hinaus ist er vermutlich ständig angespannt, denn er sitzt eigentlich kaum, er ist sozusagen auf dem Sprung, um sich gegebenenfalls sofort erheben zu können. Ein andrer scheint sich in seinem Sessel wohl zu fühlen, doch zieht

sich das Warten in die Länge. Und so beginnt er an seinen Bügelfalten zu zupfen, sie nach oben zu ziehen in der Sorge, daß sich die Hose am Knie ausbeulen könnte, was einen sorgfältigen Menschen, einen zuvorkommenden Ehemann erkennen läßt – oder einen furchtsamen. Auch weiter unten manövriert er, an den Socken, damit ja nicht zwischen Hosenrand und Socke das nackte Bein sichtbar wird, usw. Sie haben es mit einem Nervösen, aber auch mit einem Egozentriker zu tun. Kommen Sie mit ihm ins Gespräch, so sollten Sie wissen, daß das, was Sie sagen, ihn nicht interessiert. Er schläft in der Regel nicht gut und bedarf oft der Bestätigung. Erwarten Sie nicht von ihm, daß er ein abenteuerliches oder außergewöhnliches Leben führt; was er sucht und schätzt, ist ein festgefügter Rahmen.

Rauchen: Es gibt Tausende von Formen des Rauchens. Sprechen wir zunächst über die Zigarette. Bergès unterscheidet folgende Arten zu rauchen:

– Die Zigarette wird am Ende der ausgestreckten Finger gehalten; das sieht elegant und vornehm aus. Wird diese Geste jedoch übertrieben, haben wir einen Snob vor uns.

– Die Zigarette wird nahe der Fingerwurzel gehalten, die Finger sind gebeugt: ein praktisches, aktives Temperament, eine männliche Geste.

– Die Zigarette wird im Mund behalten; oft hängt sie beim Sprechen im Mundwinkel; der Mensch ist starrköpfig, es fehlt ihm an Geschmeidigkeit und Aufgeschlossenheit.

– Die Zigarette wird horizontal zwischen Daumen und Zeigefinger gehalten: eine sehr vielseitige Persönlichkeit, stark extravertiert, entschlossen, direkt, deren meist überschäumende Aktivität oft starke Angst verbirgt, die sich übrigens häufig in Nikotinsucht äußert (es ist zudem die typische Geste derer, die sich die neue Zigarette am Stummel der vorigen anzuzünden pflegen).

Auch die Art und Weise, wie die Zigarette ausgedrückt wird, ist nicht ohne Bedeutung. Beobachten wir, wie einer seinen Zigarettenstummel heftig in den Aschenbecher drückt, ihn förmlich zermalmt. Für Bergès verrät sich in dieser Geste eine starke Aggressivität, die sich oft unter scheinbarer Disziplin und Strenge verbirgt.

24

Schließlich gibt es auch noch die Pfeifenraucher, über die Bergès bemerkt: «Fraglos kommt ein Bedürfnis nach Sicherheit wie auch nach Abstand zu den Sorgen und Gedanken des Tages in dem komplizierten, bedächtig ausgeführten Ritual zum Ausdruck, das zum Pfeifenrauchen gehört. Dieser Aspekt scheint beim Pfeifenraucher zu überwiegen; er gibt zudem sehr deutlich und mit Rauchwolken seiner Selbstbestätigung Ausdruck.

Händedruck: Diese Anstandshandlung läßt sich auf vielerlei Weise ausführen. Der Händedruck kann zum Beispiel fest sein und lang, begleitet von einem offenen, fest in Ihre Augen gerichteten Blick. Das ist der «militärische» Händedruck oder, wenn auch ziemlich erkünstelt, der des «Geschäftsmannes», der Ihnen damit sein Interesse und vor allem die Lauterkeit seiner Absichten bekunden will.

Die schlaffe Hand, die wir kaum ergreifen können, ist alles andere als ein Zeichen dynamischen Wesens.

Erfolgt der Händedruck bei abgewandtem Gesicht oder Blick, so drückt er Ablehnung aus oder auch Schüchternheit und ein kompliziertes Naturell.

Öffnen von Briefen: Beobachten Sie, wie einer einen Briefumschlag öffnet. Mancher reißt fieberhaft eine Ecke des Kuverts auf und öffnet es brutal mit dem Finger; der Umschlag ist nun in einem traurigen Zustand. Das ist die Geste des Nervösen und vor allem zänkischen, wenig sorgfältigen Menschen. Oft läßt dies auch auf eine gewisse Trägheit und Gleichgültigkeit schließen. Der Mensch bringt es weder fertig, zu warten, noch einen Brieföffner zu holen. Öffnet jemand die Briefe so mit dem Finger, kann das aber auch eines der Anzeichen für eine «Künstlernatur» sein.

Nun ein ganz anderes Beispiel: Der Empfänger nimmt den Brief in die Hand, schaut ihn an, wendet ihn, wiegt ihn in der Hand. Er ergreift einen Brieföffner, den er sogleich findet und sorgfältig in die richtige Ecke des Briefes einführt – säuberlich wird der Brief aufgeschnitten. Dies ist ein methodischer Mensch; er versteht zu organisieren, ist vielleicht etwas pedantisch. Wenn er sich beim Brieföffnen so viel Zeit läßt, ist er wohl auch sonst nicht besonders leistungsaktiv. Seine Sorgfalt läßt darauf schließen, daß er sicherlich sein Geld nicht gerade zum Fenster hinauswirft – wer weiß, ob er darin im Extremfall nicht gar so weit geht, den Briefumschlag zu wenden und für die Rückantwort zu benutzen?

Diese Beispiele wollten vor allem Hinweise geben und die Erkenntnis vermitteln, daß der aufmerksame Beobachter manches aus alltäglichen Gewohnheiten herauszulesen vermag. Doch es versteht sich, von selbst, daß eine jede Geste lediglich im Zusammenhang mit allen anderen zu bewerten ist. Für sich betrachtet kann sie lediglich als erste Anregung zum Verstehen dienen.

Tics und Fehlhandlungen

Bisher haben wir uns mit den zweckgerichteten, normalen, praktischen Gesten befaßt. Nun gibt es auch Gesten, die bisweilen vollkommen unnütz, ja lästig erscheinen, als ob sie sich willensmäßig nicht beherrschen ließen. Der junge Conférencier, der zum erstenmal vor einem großen Publikum steht, vermag seine Hände keinen Augenblick still zu halten; sie gleichen zwei toll gewordenen Schmetterlingen. Schließlich verfolgt der Zuschauer nur noch sie und hört nicht mehr auf das, was er sagt. Auf diese Art verrät sich, daß ihn das Lampenfieber gepackt hat.

Ein anderes Beispiel: Der Forscher, der Ihnen in seinem Laboratorium ein Interview gewährt und fieberhaft ein Streichholz nach dem anderen aus der Schachtel zieht, es zur Hälfte zerkaut und dann auf den Boden wirft und mit dem nächsten Streichholz von vorn anfängt. Diagnose: übermäßige geistige Anspannung über einen längeren Zeitraum hinweg. Werden seine Bewegungen während des Gesprächs immer schneller, so machen Sie sich keine Illusionen: Sie sind ein lästiger Kerl und stehlen einem Mann, der vierundzwanzig Stunden rund um die Uhr arbeiten möchte, kostbare Minuten.

Die junge Frau, die auf der Straße vor Ihnen geht, benimmt sich seltsam: Sie vermeidet es, den Fuß auf die schmalen Ritzen zu setzen, die den einen Randstein vom nächsten trennen; auch achtet sie sehr sorgfältig darauf, beim Betreten oder Verlassen des Bürgersteigs nicht den linken Fuß zuerst aufzusetzen. Spielerei vielleicht, die indes eine tiefe Angst verbirgt. Wie Charles Odier (in «L'Angoisse et la Pensée magique», Neuchâtel 1947) dargelegt hat, führt Angst zu magischem Denken. Die junge Frau glaubt, der Boden, auf dem sie geht, sei mit ihrem Schicksal verbunden. Ihr hüpfender, kindlicher Gang kann also über den Aberglauben ein Zeichen von Angst sein.

Läßt sich das Gesichtszucken, von dem manche Menschen befallen sind, psychologisch deuten? Es sind unfreiwillige Bewegungen, die sich ohne objektive Notwendigkeit wiederholen und sich der bewußten Kontrolle entziehen – ein Blinzeln etwa, ein Zucken der Mundwinkel usw. Liegen nicht offensichtlich neurologische Beschwerden vor, lassen solche Zuckungen fast immer auf seelische Schwierigkeiten schließen, bei denen Angst oder Nervosität überwiegt. Vor übereilter Deutung sollte man sich jedoch hüten, denn «Tics sind Gesten, die eine Sprache sprechen, die wir noch nicht verstehen gelernt haben – eine Art Wechselgeld –, für den vom Tic Befallenen momentan die einzige Methode, ein gewisses Gegengewicht zu seiner schweren Angst zu suchen» (Bergès).

Tics können sich auch in impulsiven, komplexeren Gesten äußern, an denen der ganze Körper, vor allem die Hände beteiligt sind: im dauernden Zurechtrücken der Krawatte zum Beispiel.

Von hier ist es nicht mehr weit bis zu regelrecht anormalen Haltungen, wie sie z. B. bei Angstneurosen auftreten. Die bekanntesten dieser Neurosen sind zum einen die Agoraphobie, eine krankhafte Angst vor weiten Räumen oder Plätzen, zum anderen die Klaustrophobie, die angstvolle Beklemmung beim Aufenthalt in geschlossenen Räumen, und schließlich die Aerophobie, die krankhafte Angst vor Luftzug. Die Verhaltensweisen der an derartigen Phobien Leidenden sind im allgemeinen sinnlos genug, um sofort als neurotisch erkannt zu werden. Doch bisweilen vermag der Betreffende seine fixe Idee zu verbergen und verrät sich lediglich durch unauffällige Anzeichen. Léon Michaux berichtet von einem Patienten, dessen säuberlich auf die Knie gelegte Hände eine gerötete und gereizte Haut aufwiesen. Sofort erkannte der Arzt, daß der Patient an neurotischem Waschzwang litt – der Kranke hat dabei ständig das Gefühl, schmutzige Hände zu haben, und wäscht sie sich Dutzende von Malen am Tag.

Sigmund Freud hat in seiner Schrift «Zur Psychopathologie des Alltagslebens» (Ges. Werke Bd. IV, London 1941) als erster auf die «Fehlleistungen» hingewiesen, die man vor allem im Zustand der Ermüdung oder inneren Bewegung begeht. Sehr oft geben sie über den unbewußten Seelenzustand Aufschluß. Unter «Fehlleistungen» versteht Freud nicht nur Ungeschicklichkeiten, die einem passieren, sondern auch Vergeßlichkeiten und das Sich-Versprechen, Sich-Verschreiben usw.

Bei diesen so interessanten Fragen können wir hier nicht verweilen; werfen wir indes noch einen Blick auf die Rolle, die bei einer großen Zahl von Autounfällen die psychische Verfassung des Fahrers spielte, der den Unfall verschuldete. Man geht heute so weit, zu behaupten, daß viele tödliche Unfälle verschleierte Selbstmorde seien – unbewußt von Menschen begangen, die vor unlösbaren Problemen standen. Weniger tragisch, doch manchmal ebenso aufschlußreich ist es mit den Gegenständen, die man «versehentlich» zerbricht, oder mit den kleinen Verletzungen, die man sich, etwa beim Basteln, zufügt. Bei der Analyse solcher Fälle muß man stets in Rechnung ziehen, daß das «Mißgeschick» auf unbewußte psychische Ursachen zurückzuführen sein könnte.

Der dritte und der vierte Schleier: Körper und Gesicht

I. Körperbau und Temperament

Der Tradition zufolge sollen die Dicken heiter und großzügig, die Mageren eigensinnig, die Kleingewachsenen aggressiv, die Großen gemessen und selbstbewußt sein. Die Tradition ist jedoch bald weise, bald töricht; denn nur selten versteht sie, zwischen Weltklugheit und auf Unwissenheit beruhendem Aberglauben zu unterscheiden. Zumal was die Beziehungen zwischen Temperament und physischer Konstitution betrifft, haben sich selbst vorsichtige Forscher bei ihren Schlußfolgerungen häufig vom Volksglauben und den Ansichten der Jahrmarkts-Schädelformdeuter anstecken lassen. Doch wenn wir letztere beiseite lassen und uns lediglich für die Erkenntnisse der Gelehrten, Schriftsteller und Künstler interessieren, treffen wir wiederum auf eine lange Tradition, derzufolge die Gestalt eines Menschen über bestimmte Züge seines Temperaments Aufschluß gibt. So etwa sagte es W. H. Sheldon, ein Forscher, der einen wichtigen Beitrag zu diesem Thema geleistet hat, in der Einleitung seines Werkes «The Varieties of Human Physique» (New York 1940). Kurz, soll ein wissenschaftliches Werk zu diesem Thema Gültigkeit haben, muß die Theorie vermieden und die Messung in die Forschung eingeführt werden.

Um das Jahr 1830 nahm der belgische Statistiker Quetelet anhand von dreißig Jahre zuvor durchgeführten Messungen eine Untersuchung der Verteilung der Körpergröße unter den Soldaten Napoleons vor. Vom Kleinsten aus zum Größten vorgehend klassifizierte er die Maße sämtlicher Rekruten und ermittelte auf diese Weise ihre Durchschnittsgröße. Er stellte dabei fest, daß sich die Abweichungen von diesem Durchschnitt auf einfache, aber charakteristische Weise verteilten: Die Durchschnittsmaße kamen sehr häufig vor, und je mehr man sich den Extremen näherte, sei es zum Großen oder zum Kleinen hin, desto seltener traten sie auf. Dann stellte Quetelet fest, daß die für die Körpergrößen ermittelte Häufigkeitskurve sich bei anderen Messungen – Brustumfang, Arm- und Beinlängen usw. – vergleichbar wiederfand. Diese Häufigkeitsverteilung nannte er die Normalkurve.

Quetelet kam der Gedanke, daß alle Messungen physischer wie psychischer Charakteristika dieser statistischen Regel folgen müßten. Durch Ermittlung einer Normalkurve für jedes Charakteristikum mußte man seinen Durchschnittswert errechnen können, um auf diese Weise eine Art Normalmaß zu gewinnen, das als Basis für das Studium aller menschlichen Unterschiede dienen konnte. Dieses Normalmaß bezeichnete Quetelet als den Durchschnittsmenschen.

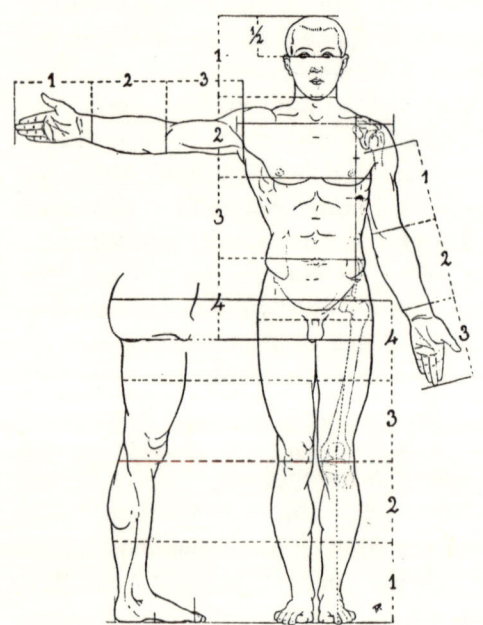

Abb. 5. Richers «Kanon» – nach Vandervael, «La Biométrie humaine», Paris 1964.

Der Arzt Richer, zugleich Professor an der Ecole des Beaux-Arts in Paris, brachte einen «Kanon» zum Vorschlag; dieser Richersche «Kanon» hat die Besonderheit, daß er nicht auf einem abstrakten Schönheitskonzept basiert, sondern auf anthropometrischen Statistiken (Abb. 5). In dieser Hinsicht nähert er sich den sogenannten wissenschaftlichen Modellen und realisiert eine Art «Durchschnittsmenschen», der dem von Quetelet, der zuerst auf diesen Gedanken kam, analog ist.

Dieser Begriff des Durchschnittstypus ist für uns insofern von besonderer Bedeutung, als er in alle Klassifikationen hineinspielt, mit denen wir es hier zu tun haben werden. In der Tat sind wir stets, physisch wie moralisch, im Vergleich zu diesem idealen Durchschnittsmenschen «typisch». Der Begriff des Typus spielt bei der Klassifizierung des Charakters aufgrund des Körperbaus eine ausschlaggebende Rolle.

Dieser Klassifikationen gibt es sehr viele, allein seit Anfang unseres Jahrhunderts mehr als vierzig. Es ist unmöglich, auf sie alle hier einzugehen, zumal jede mit anderen langen und komplizierten Fachausdrücken arbeitet, was zum leichteren Verständnis keineswegs beiträgt. So werden wir uns nur mit den wichtigen Systemen von Kretschmer und Sheldon eingehender befassen.

Kretschmers Typenlehre

Ernst Kretschmer (1888–1964), Professor der Psychiatrie und Neurologie an der Universität Tübingen, veröffentlichte 1921 in Berlin sein berühmtes Buch «Körperbau und Charakter», das seine wesentliche Lebensleistung enthält. Dieses Werk, das Kretschmer in vielen Neuauflagen bis zu seinem Tod immer wieder ergänzte und verbesserte, rief großen Widerhall hervor.

Welches sind Kretschmers wesentliche Ideen? Als Psychiater hatte er täglich Geisteskranke in Behandlung. Dabei fiel ihm auf, daß bestimmte Krankheiten bei gewissen Körperbautypen häufiger auftraten als bei anderen. Geht man davon aus, sagte er sich, daß die

Krankheiten des Geistes nichts anderes sind als krankhafte Auswüchse normaler psychischer Anlagen, muß es möglich sein, den Charaktertyp eines Individuums nach seinem Körperbau zu beschreiben.

Charakterisierung der Typen

Kretschmer erarbeitete eine Meßtechnik und stellte drei Hauptgruppen von Charakteristika fest, die er als Körperbautypen bezeichnete – bei Männern prägen sich diese übrigens deutlicher aus als bei Frauen – und als Leptosome, Athletiker und Pykniker unterschied (Abb. 6).

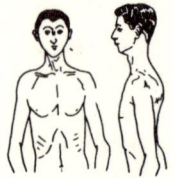 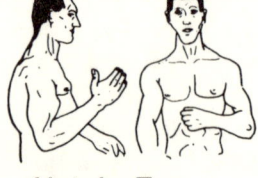 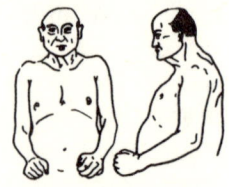

leptosomer Typ   athletischer Typ   pyknischer Typ

Abb. 6. Charakterisierung der Typen.

Der leptosome Typ: Er zeichnet sich durch «geringes Dickenwachstum bei durchschnittlich unvermindertem Längenwachstum» aus. Auch sein Gewicht liegt unter dem Durchschnittsgewicht. Die Leptosomen sind «mager, haben schmale Schultern, einen langen, schmalen und flachen Brustkorb und knochige Glieder». Das Gesicht ist überlang, die Nase lang und schmal, der Unterkiefer schwach entwickelt.
Der athletische Typ: Er ist gekennzeichnet durch «die starke Entwicklung des Skeletts, der Muskulatur, dann auch der Haut... Er ist ein mittel- bis hochgewachsener Mann mit besonders breiten, ausladenden Schultern, stattlichem Brustkorb, straffem Bauch... Die Körperoberfläche wird beherrscht von der guten, kraftvollen Muskulatur, die als Muskelrelief plastisch hervortritt... Im Gegensatz dazu ist das Fett nur relativ mäßig entwickelt.» Kretschmer fügt hinzu, daß der Körperbau der athletischen Frauen uns durchschnittlich häufiger den Eindruck des Abnormen macht, da er unserem Schönheitsideal

bisweilen zuwiderläuft, während der männliche Typus unserem männlichen Schönheitsideal im allgemeinen recht nahe kommt.

Der pyknische Typ: Er hat eine «mittelgroße, gedrungene Figur, ein weiches, breites Gesicht, auf kurzem massivem Hals zwischen den Schultern sitzend; ein stattlicher Fettbauch wächst aus dem unten sich verbreiternden tiefen, gewölbten Brustkorb heraus... Dabei sind die Schultern nicht breit ausladend wie bei den Athletischen, sondern (hauptsächlich bei älteren Leuten) mehr rund.» – «Bei den Frauen... konzentriert sich der Hauptfettansatz stärker auf Brust und Hüften.»

Zur Illustrierung dieser pauschalen Beschreibungen dient die Tabelle der durchschnittlichen Körpermaße der drei Typen, die 1920 nach jungen normalen, 20 bis 30 Jahre alten Menschen erstellt wurde.

Durchschnittliche Körpermaße der Typen Kretschmers
(nach E. Kretschmer, «Körperbau und Charakter», Berlin 1942)

	Leptosome	Athletiker	Pykniker
Körpergröße	1,76	1,81	1,71
Gewicht	0,60	0,79	0,74
Kopfumfang	0,56	0,58	0,57
Brustumfang	0,83	0,95	0,95
Bauchumfang	0,71	0,81	0,84
Hüftumfang	0,87	0,98	0,98
Schulterbreite	0,36	0,39	0,37
Armlänge	0,77	0,81	0,75
Verhältnisse			
$\dfrac{\text{Brustumfang} \times 100}{\text{Körpergröße}}$	46,9	51,5	55,7
$\dfrac{\text{Bauchumfang} \times 100}{\text{Körpergröße}}$	39,4	44,6	49,4
Körpergröße – Gewicht	115,6	101,8	97,1

Mischformen und «dysplastischer» Typ: Es versteht sich, daß diese Typen selten in reiner Form vorkommen. Nach Kretschmer trifft man nicht mehr als etwa 10 Prozent reine Typen. Die Mehrzahl der Leute, denen wir begegnen, werden Mischfälle sein: ihre Maße werden zwischen denen der reinen Typen liegen. So gibt es leptosom-athletische, pyknisch-athletische Typen usw.

Darüber hinaus kann man noch die von Kretschmer als solche bezeichneten «dysplastischen» Typen unterscheiden, die sich durch Unter- oder Überentwicklung einer Körperpartie kennzeichnen. Der dysplastische Typus ist häufig auf mangelhafte Körperfunktionen, insbesondere der endokrinen Drüsen, zurückzuführen.

Geisteskrankheiten und Körperbautypen

Nachdem er durch Messungen drei Körperbautypen des Menschen unterschieden hatte, konnte Kretschmer nachweisen, daß gewisse Geisteskrankheiten bei manchen Körperbautypen häufiger auftreten als bei anderen: die Schizophrenie kam bei Leptosomen, die manisch-depressive Psychose oder Cyclothymie bei Pyknikern am häufigsten vor.

Schizophrenie: Sie ist eine der häufigsten Geisteskrankheiten. Die Hauptmerkmale dieser Krankheit, die oft schon im jugendlichen Alter auftritt, bestehen im Verlust des Kontakts mit der Wirklichkeit, in der Abschließung von der Außenwelt bei Gefühlsverarmung. Der Kranke lebt in einer Welt der Träume und Phantasien. Die Krankheit entwickelt sich langsam und verläuft in Schüben.

Manisch-depressive Psychose: Eine verbreitete geistige Erkrankung, auch Cyclothymie genannt. Sie ist durch den Wechsel zwischen Übererregtheit (Manie) und Depression (Melancholie) gekennzeichnet. Zu gewissen Zeiten zeigt der Kranke eine Übersteigerung des Lebensgefühls, die sich in abnormem Betätigungsdrang, Redefluß, rasch wechselnden Interessen und wahllosen Freundschaften äußert. Dann schlägt die Stimmung wieder vollkommen um, und die Melancholie ergreift von dem Kranken Besitz: Dem gegenstandslosen Optimismus folgt die unbegründete depressive Verstimmung. Der Kranke fällt einem tiefen Pessimismus zum Opfer, der auch sein

Denken lahmlegt. Selbstvorwürfe, Verzweiflungsgefühle, Selbstmord-
impulse suchen ihn heim.

Epilepsie: Erst später konnte Kretschmer auch für den dritten, den
athletischen Körperbautypus das häufige Vorkommen einer Krankheit, der Epilepsie, nachweisen. Sie ist durch plötzliche Anfälle von
krampfartigen Zuckungen, «Fallsucht» und Bewußtseinsverlust gekennzeichnet. Die Beziehung zwischen Körperbautyp und Krankheit ist hier übrigens weniger ausgeprägt.

Kretschmers Beobachtungen wurden im Grundsätzlichen von anderen Forschern bestätigt. Statistische Berechnungen lassen kaum
einen Zweifel an der Richtigkeit der von ihm festgestellten Verteilung: schizophrene Patienten sind vorwiegend leptosome Typen, manisch-depressive oft pyknisch und Epileptiker häufig athletisch.

Psychosen bei den einzelnen Konstitutionstypen in Prozenten

1361 Manisch-Depressive	5233 Schizophrene	1505 Epileptiker	
19,2	50,3	25,1	leptosom
64,6	13,7	5,5	pyknisch
6,7	16,9	28,9	athletisch
1,1	10,5	29,5	dysplastisch
8,4	8,6	11,0	nicht rubrizierbare Bilder
100,0	100,0	100,0	insgesamt

Die Typen Kretschmers und die normale Persönlichkeit

So interessant diese Beobachtungen auch sein mögen, sind sie doch
nur von begrenztem Interesse für jene, die wie wir lediglich ihresglei-
chen besser kennenlernen wollen und weitgehend unter Normalen
leben. Aber Kretschmers Untersuchungen sind damit noch nicht zu

Ende; für ihn stellen diese Psychosen «nur seltene Zuspitzungen allverbreiteter großer Konstitutionsgruppen der Gesunden» dar.

Wie hat Kretschmer diese seine Hypothese überprüft? Er sammelte Angaben über die Persönlichkeit seiner Kranken vor Ausbruch des Leidens und über den Charakter ihrer nächsten Blutsverwandten. Geisteskrankheiten, insbesondere die Schizophrenie, treten nicht plötzlich in Erscheinung; sie entwickeln sich allmählich. Greift man weit genug in die Vergangenheit eines Schizophrenen zurück und studiert seinen Charakter, wie er sich im Lauf der Jahre zeigt, wird man die Persönlichkeit des Patienten alle Stadien durchlaufen sehen: Die normale «schizothyme» Tendenz verwandelt sich in eine zunehmend ausgeprägt «schizoide», bis sie zur typischen Schizophrenie wird. Kretschmer fragte die Patienten selbst, fragte zugleich aber auch Leute, die sie schon ehedem gut gekannt hatten, über das frühere Verhalten des Patienten aus. Im allgemeinen waren es simple Fragen, an eine einfache Bauersfrau zum Beispiel: «Was machte er als Kind, wenn er allein auf den dunklen Dachboden gehen mußte?» Oder: «Wie benahm er sich, wenn es im Wirtshaus am Sonntagabend eine Prügelei gab?» Kretschmer überprüfte auch das Temperament der Eltern, Brüder und Schwestern des Erkrankten. Denn man findet in seiner Familie sehr oft Personen, die, ohne behandlungsbedürftig geworden zu sein, Charaktereigenschaften haben, die als Vorläufer der Krankheitssymptome zu bezeichnen sind. Was zum Beispiel die Schizophrenie betrifft, mag man feststellen, daß ein einzelner oder mehrere Familienangehörige «etwas wunderlich» waren, sich etwa längere Zeit allein in ihr Zimmer einzuschließen pflegten oder sich durch ihr Verhalten sonst für ihre Umgebung als schwer erträglich erwiesen.

Diese wichtigen biographischen Untersuchungen erlaubten es Kretschmer, ein schizothymes, ein cyclothymes sowie ein schizoides und ein cycloides Temperament zu beschreiben.

Cyclothymes und cycloides Temperament: Diese beiden Formen des Temperaments gehen mehr oder weniger aus der manisch-depressiven Veranlagung hervor. Bei *cycloiden* Menschen zeigen sich die Abweichungen von der Norm schon recht ausgeprägt. Bei ihnen kann man zwei sehr verschiedene Verhaltensformen beobachten, je nachdem der Cycloide mehr zum Manischen oder zum Depressiven tendiert. So gibt es cycloide Menschen, die sich sehr aktiv zeigen, die immer in Bewegung, voller Pläne, meist heiter und aufgeschlossen sind, dabei aber auch wankelmütig, streitsüchtig, jähzornig sein können. Man bezeichnet sie als hypomanisch. Die anderen Cycloiden dagegen sind still, depressiv und neigen dazu, «alles schwarz zu sehen». Ihr Verhalten nähert sich dem krankhaften Zustand der Melancholie.

Was die vollkommen «normalen» *Cyclothymen* betrifft, zeigen sie das gleiche Verhalten, jedoch in weit abgeschwächterer Form. – Der Cyclothyme am heiteren Pol der charakterlichen Abstufungen ist sehr lebhaft, leicht zu beeinflussen, hängt sich an jeden neuen Bekannten und freundet sich alsbald mit ihm an. Er neigt zu einem gewissen Materialismus, ist ein Genießer, gutem Essen und Trinken, allem Schönen im Leben zugetan.

– Der Cyclothyme am depressiven Pol der Schattierungen ist ein stiller Mensch, ist langsam, zögernd, besitzt nur geringe Entscheidungsfähigkeit. Kretschmer empfiehlt für ihn ein geordnetes, ruhiges Leben mit möglichst wenig Aufregungen und Verantwortungen, da ihn diese leicht mutlos machen.

Schizothymes und schizoides Temperament: Der Schizoide führt ein «Doppelleben»: ein nach außen gewandtes und ein nach innen gekehrtes, «autistisches» Leben. Der Begriff «Autismus» wurde von dem Schweizer Psychiater Eugen Bleuler (1857–1939), einem Pionier der modernen Psychiatrie, geprägt und bedeutet soviel wie Abwendung von der Wirklichkeit bei übermäßigem In-sich-hinein-leben. An der Oberfläche kann der Autismus die unterschiedlichsten Aspekte zeigen: stumpfe Brutalität ebenso wie Schüchternheit, Ironie oder mürrische Gefühlsarmut. Die in sich gekehrte Persönlichkeit bewegt sich ebenfalls zwischen zwei Extremen: Gefühlsleere einerseits und zum anderen ein aufs höchste verfeinertes Empfindungsvermögen bei einem überaus phantasiereichen Innenleben. Die Schizoidie ist von der Krankheit der Schizophrenie noch weit entfernt und erst recht ist es das *schizothyme* Temperament als breite

Anlage. Auch hier müssen wir zwischen zwei entgegengesetzten Polen unterscheiden: dem empfindsamen, ängstlichen, mißtrauischen, nervösen Menschen und dem kalten Schizothymen, dem Gefühlswärme und Empfindungsvermögen abgehen.

Das «visköse» Temperament des Athletikers: Kretschmer hat darauf hingewiesen, daß sich das dem Konstitutionstyp des Athletikers entsprechende Temperament schwerer definieren lasse. Was hier offensichtlich vorherrscht, ist eine gewisse Langsamkeit und Schwerfälligkeit. Der Typ neigt mehr zum «starren» oder sturen Durchhalten als zum schnellen Wechsel von einer Aufgabe zur anderen; es fehlt auch etwas an geistiger Elastizität. Daher der von Kretschmer geprägte Ausdruck «visköses» oder zähflüssiges Temperament.

Persönlichkeits- züge	Cyclothyme	Schizothyme
Persönliches Tempo	langsam	schnell
Arbeitstempo	unregelmäßig	gleichmäßig
Ermüdung	allmählich	plötzlich
Wahrnehmungsrichtung	Farbsehen	Formsehen
Aufmerksamkeitsumfang	weit	eng
Vorstellungsverlauf	assoziativ	perseverativ
Erregbarkeit	gering, schnell abklingend	groß, lang andauernd
Anpassungsfähigkeit (an neue Situationen)	leicht	schwer

Zusammenstellung der im Extremfall auftretenden Charakterzüge der Cyclothymen und Schizothymen (nach einer Arbeit von H. Rohracher: «Kleine Charakterkunde», Wien 1961).
Wir erinnern uns, daß Kretschmer das cyclothyme Temperament dem Leptosomen, das schizothyme dem Pykniker zuordnete.

Der Körperbau genialer Menschen

Mit seinem Buch «Geniale Menschen» (5. Aufl., Berlin 1958) hat Kretschmer sein Lebenswerk um eine neue Dimension erweitert. Verhilft uns die Betrachtung der Natur der Geisteskranken wie die des Gesunden zur besseren Kenntnis und zum besseren Verständnis des Menschen, so dürfte auch ein Blick auf hervorragende Ausnahmemenschen das Seine dazu beitragen. Wie weit bietet der Körperbautyp des «Genies» für dessen Motivationen und Handlungen eine Erklärung? In «Geniale Menschen» gelangt Kretschmer unter Zuhilfenahme von Porträts und von Biographien hervorragender Menschen zu Schlüssen, die seine These stützen und indirekt dazu beitragen können, auch das Verhalten des normalen Durchschnittsmenschen besser zu verstehen.

Stellen wir uns einmal rein theoretisch einen leptosomen Schizothymen vor. In der Wissenschaft und auf der Ebene des Genies müßten mit dieser Körperbeschaffenheit und diesem Temperament eher Theoretiker als Laborforscher ausgestattet sein. Die von Kretschmer zusammengestellten Porträts und Biographien bestätigen diese Ansicht: von 59 großen Philosophen, Juristen und Theologen sind 59 Prozent deutlich Leptosome und nur 15 Prozent Pykniker (26 Prozent sind Mischfälle). Es läßt sich leicht als Beispiel eine Reihe von erlauchten Namen zugunsten von Kretschmers These anführen: Die Denker Descartes, Locke, Spinoza, Kant, Schopenhauer, Hegel, Nietzsche waren alle rein oder überwiegend leptosom.

Was den genialen Menschen von pyknisch-cyclothymem Typus betrifft, müßte man ihn unter den Spezialisten der «praktischen» Wissenschaften antreffen, denn dieser Konstitutionstyp verfügt natürlich über ein gutes Verhältnis zur realen Welt. In der Tat, unter den von Kretschmer beurteilten 118 großen Medizinern und Naturwissenschaftlern waren 68 Prozent Pykniker und nur 9 Prozent Leptosome (bei 23 Prozent Mischtypen).

Auch das gewählte literarische Gebiet hängt mit dem Körperbau des Schriftstellers zusammen. So wirklichkeitsferne Dichter wie Schiller, Byron, Mallarmé waren überwiegend leptosome Schizothyme. Im Gegensatz dazu gehören Romanciers, die sich gern minutiösen Beschreibungen des Alltäglichen hingeben, wie Dickens, Zola und Balzac, im allgemeinen zu den pyknischen Cyclothymen. Immerhin gibt es gewisse Ausnahmen: so war der französische Lyriker Verlaine offenbar deutlich ein Pykniker.

Kretschmer schildert auch, wie ein entgegengesetzter Körperbau

Abb. 7.   Luther   Calvin

entgegengesetzte Einstellungen auf religiösem Gebiet zur Folge haben kann. Werfen wir einen Blick auf die Bildnisse von Luther und
Calvin (Abb. 7).

Das Gesicht Luthers gehört unbestreitbar einem pyknischen Konstitutionstyp an: großes und knochiges Gesicht (vor allem die Kinnpar-
tie ist stark entwickelt), die Nase ist relativ klein und gerade, das
Profil ziemlich ausgeprägt, Fettwülste sind reichlich vorhanden. Im
Gegensatz dazu zeigt das Gesicht Calvins die für Leptosome typische
Länge; es ist blaß und mager, die Nase lang und spitz, das Profil zugleich fliehend und kantig. Beide waren zweifellos große Reformato-
ren. Doch welch ein Unterschied in ihrer Lebensweise und in ihrem
religiösen Empfinden! Während Luther als echter Cyclothymer versuchte, eine möglichst anwendbare, dem Leben zugewandte Religion
zu stiften, bemühte sich der Leptosome Calvin, einem klaren, stren-
gen und weltabgewandten Glauben zum Sieg zu verhelfen.

Auch der Gegensatz zwischen zwei Politikern ist oft eine Sache verschiedenen Temperaments. Kretschmer führt in «Geniale Menschen» ein Beispiel aus der Französischen Revolution an: die Unver-
einbarkeit der Ansichten von Robespierre und Danton. Der erste ein

kalter, abstrakter Leptosomer, der sich bei Debatten und Volksbewegungen wenig wohl fühlte, der andere ein Pykniker voller Schwung und Wohlmeinen, dem es aber an Härte fehlte.

Steigen wir aus der Arena der Politik wieder hinab ins Alltagsleben, dann drängt sich der Gedanke auf, daß auch die Berufswahl teilweise vom Körperbautyp bestimmt wird: Kauf- und Handelsleute und weiter oben Manager sind sehr häufig Pykniker; Buchhalter, Verwaltungspersonal, Techniker sind öfter leptosom. Man kann also aus Kretschmers Arbeiten eine ganze Menge Dinge lernen, die sich für die Praxis der Menschenkenntnis verwerten lassen.

Sheldons Typenlehre

Das Werk von W. H. Sheldon, Professor an der Universität Harvard, hat zugleich Fortführung und Kritik der Arbeiten Kretschmers zum Inhalt. Fortsetzung insofern, als auch Sheldon der Ansicht ist, daß Körperbau und Persönlichkeit in unmittelbarer Beziehung stehen. Und Kritik, weil nach Sheldon die Kretschmerschen Typen nur 10 Prozent der Bevölkerung ausmachen und ihm daher die praktische Bedeutung von Kretschmers Klassifizierung zu begrenzt erscheint. Auch zweifelte er an der Gültigkeit von Schlüssen, die aus dem Studium von Geisteskranken resultierten. Warum nicht gleich von gesunden, normalen Individuen ausgehen? Möglicherweise könnten so auch die von Kretschmer bei der Umschreibung des athletischen Temperaments gemachten Vorbehalte beseitigt werden.

Sheldon arbeitete also mit psychisch gesunden Individuen und gelangte dazu, den zu wenig nuancierten Begriff des «Typus» durch den der «Komponenten» zu ersetzen, der Körperbau-Bestandteile, die bei jedem mehr oder weniger ausgeprägt sind. Auch wandte er eine standardisierte Meßtechnik an.

Die drei Komponenten des Körperbaus

Die erste Arbeit Sheldons galt der Erforschung der grundlegenden Komponenten des menschlichen Körpers. Exakt vorgehend fertigte er Fotos von 4000 nackten Studenten an, jeweils eine in Vorderansicht, in Rücken- und Seitenansicht. Aus dieser langen Reihe von 12 000 Fotos wählte Sheldon die jener jungen Männer aus, deren Körperbau am stärksten vom «Durchschnitt» abwich, die also extreme physische Varianten darstellten. Drei Formen extremer Abweichungen hoben sich besonders hervor. Sheldon nannte sie «endomorph», «mesomorph» und «ektomorph» und erkannte in ihnen die wesentlichen Komponenten im Aufbau jedes menschlichen Körpers. Hier die Beschreibung dieser Grundformen:

Endomorphie. Sie charakterisiert sich dadurch, daß die Verdauungsorgane relativ viel Platz einnehmen. Der Endomorphe ist von rundlichem Körperbau mit einem umfangreichen Leib bei relativ kurzen Gliedern und kleinen Händen und Füßen.

Mesomorphie. Sie zeichnet sich durch kräftige Knochen und Muskeln sowie einen eckigen, im allgemeinen schweren Körperbau aus. Der

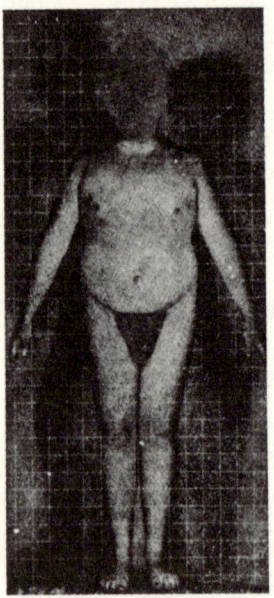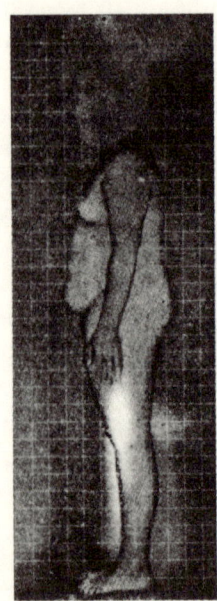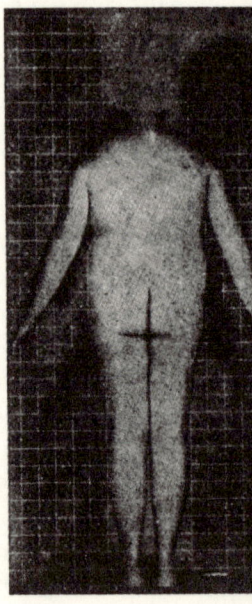

Abb. 8. Extrem endomorph (ein «711»)

42

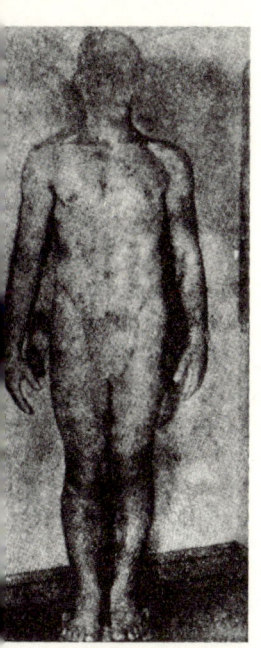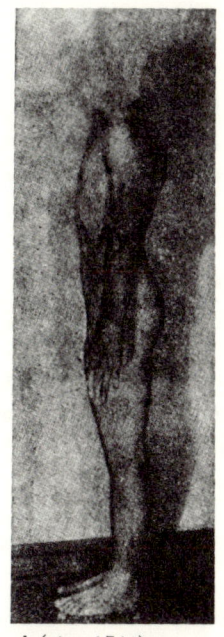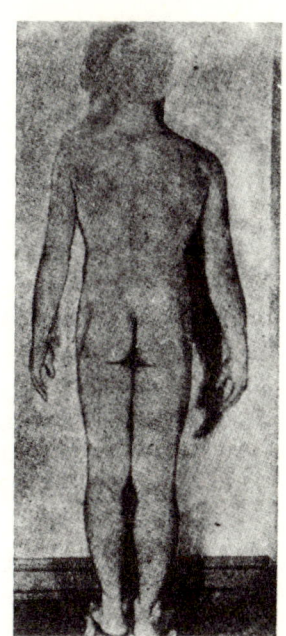

Abb. 9. Extrem mesomorph (ein «171»)

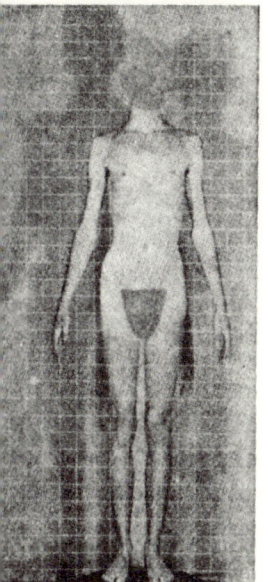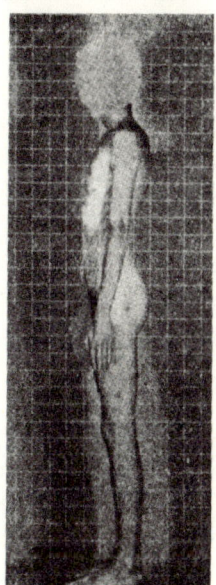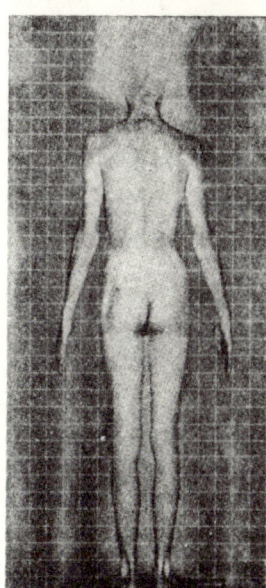

Abb. 10. Extrem ektomorph (ein «117»)
Nach W. Sheldon, «The Varieties of Human Physique», New York 1940.

Mesomorphe hat einen kräftigen Hals, breite Schultern, einen gut entwickelten Brustkorb, dicke Haut und muskulöse Glieder.

Ektomorphie. Sie ist durch lange, schlanke Extremitäten und schwach entwickelte Muskeln gekennzeichnet. Starke Entwicklung des Nervensystems und der Sinnesorgane. Der Rumpf ist schlank, der Leib flach, die Schultern sind schmal und abfallend.

Diese drei Komponenten erinnern stark an die drei Kretschmerschen Typen des Pyknikers, Athletikers und Leptosomen. Neu an Sheldons Konzeption ist aber, daß man bei der Klassierung eines Individuums nicht auf die eine oder die andere Komponente allein beschränkt ist. Nach Sheldon sind stets alle drei Komponenten im Menschen vorhanden, aber verschieden stark ausgeprägt. So wurde es möglich, jedes Individuum und nicht nur solche mit außergewöhnlichem Körperbau zu klassifizieren.

Dafür hat Sheldon jeder Komponente eine Sieben-Punkte-Skala zugeordnet. Eine 1 bezeichnet die schwächste Ausprägung der Komponente, eine 7 ihre maximale Stärke, während eine 4 etwa die mittlere Stärke repräsentiert. So läßt sich nun das Mischungsverhältnis der Körperbau-Komponenten eines Menschen mit drei Zahlen erfassen, die den Ausprägungsgrad jeder Komponente erkennen lassen. Zum Beispiel wäre ein «711» ein Individuum von extrem endomorpher Konstitution bei minimal ausgeprägten anderen Komponenten. Abb. 8 zeigt einen solchen «711».

Das so durch drei Ziffern ausgedrückte Mischungsverhältnis der Körperbau-Komponenten bezeichnete Sheldon als den «Somatotyp» eines Menschen. Anstelle der drei Typen, die Kretschmer zur Verfügung standen, konnte Sheldon theoretisch alle zwischen 111 und 777 möglichen Kombinationen ermitteln und untersuchen – ein weit differenzierteres Vorgehen.

Die drei Temperaments-Komponenten

Nun mußte Sheldon noch drei Verhaltensmuster finden und beschreiben, die den drei Körperbau-Komponenten entsprachen. Er fand sie nach längeren Versuchen und Studien und nannte sie Viscerotonie, Somatotonie und Cerebrotonie.

Hier ihre kurze Umschreibung:

Viscerotonie: Hang zur Bequemlichkeit, zur Entspannung, zur Geselligkeit, bisweilen zur Gefräßigkeit.

Somatotonie: Wille zur Anstrengung, Bedürfnis nach körperlicher Betätigung und kraftvollem Selbstausdruck.

Cerebrotonie: Hemmungen, innere Spannungen, dem symbolischen Ausdruck wird mehr Bedeutung beigemessen als dem konkreten Tun.

Auch bei diesen drei Temperaments-Komponenten führte Sheldon eine siebenstufige Bewertungsskala ein: 1 bedeutet «nicht vorhanden», 7 bedeutet «maximal vorhanden».

Sheldon hatte festgestellt, daß sich jede seiner drei Temperaments-Komponenten durch zwanzig Charakterzüge genau umschreiben läßt. In seinem Buch «The Varieties of Temperament» (New York 1942) bringt Sheldon eine Tabelle dieser dreimal zwanzig Charakterzüge. Anhand dieser Tabelle (S. 46) läßt sich der Grad der Zugehörigkeit zu einer der drei Gruppen messen.

Das geht sehr einfach vor sich. Hier das Rezept: Bewerten Sie bei jeder genannten Eigenschaft, ob sie bei Ihnen fehlt (dann schreiben Sie eine 1 auf), mittelstark (eine 4) oder extrem stark (7) vorhanden ist. Das wiederholen Sie, bis alle 60 Angaben bewertet sind. Addieren Sie nun in jeder der drei Kolonnen Ihre Bewertungszahlen; das Resultat teilen Sie jeweils durch 20. Nun haben Sie drei Ziffern, die zwischen 1 und 7 liegen und die Stärke Ihrer «viscerotonischen», «somatotonischen» und «cerebrotonischen» Temperaments-Komponente ausdrücken. «711» würde eine extreme Viscerotonie, «171» eine extreme Somatotonie, «117» extreme Cerebrotonie anzeigen, während «444» eine gleichmäßige Beteiligung aller drei Komponenten an Ihrem Temperament andeuten würde. Vergessen Sie bei der Bewertung nicht, daß 2, 3, 5 und 6 eine Feinabstufung erlauben.

Der Zusammenhang zwischen Körperbau und Temperament

Die letzte Etappe von Sheldons Arbeit an diesem Thema galt der Ermittlung des Verbundenheitsgrades zwischen den drei Körperbautypen und den drei Temperaments-Komponenten. Zu diesem Zweck

Viscerotonie	Somatotonie	Cerebrotonie
1 Schlaffe Körperhaltung, schlaffe Bewegung	1 Stramme Körperhaltung, bestimmte Bewegungen	1 Scheue Haltung, gehemmt
2 Hang zur Bequemlichkeit	2 Sportliche Abenteuerlust	2 Physiologische Überansprechbarkeit
3 Langsame Reaktionen	3 Energiegeladen	3 Überschnelle Reaktion
4 Freude am Essen	4 Bedürfnis nach körperlichen Übungen	4 Verlangen nach Zurückgezogenheit
5 Hat gern Tischgenossen	5 Herrschsucht, Machttrieb	5 Geistig überwach, übereifrig
6 Freude am Verdauen	6 Freude am Risiko und Zufall	6 Verbergen der Gefühle, emotionale Zurückhaltung
7 Gefallen an gesellschaftlichen Formen	7 Ungeniertheit im Benehmen	7 Unfreie, selbstreflektierte Mimik u. Augenbewegung
8 Soziophilie	8 Rauflust	8 Schizophobie
9 Freundlichkeit gegen jedermann	9 Freude am Konkurrenzkampf	9 gehemmtes Benehmen in Gesellschaft
10 Verlangen nach Zuneigung und Anerkennung	10 Seelische Robustheit	10 Erwirbt s. schwer Gewohnheiten und Routine
11 Ausrichtung nach der Umgebung	11 Klaustrophobie	11 Agoraphobie
12 Ebenmäßiger Gefühlsablauf	12 Rücksichtslosigkeit, nicht zimperlich	12 Unberechenbarkeit
13 Toleranz	13 Spartanische Gleichgültigkeit gegen Schmerz	13 Dämpfung d. Stimme, Abneigung gegen alles Laute
14 Selbstgefälligkeit	14 Freude am Lärm jeder Art	14 Überempfindlichkeit
15 Tiefer Schlaf	15 Laute Stimme	15 Schlechter Schlaf, chronische Müdigkeit
16 Mangel an «Temperament»	16 Reiferes Aussehen als dem Lebensalter entspricht	16 Jugendlich eifriges Benehmen u. Aussehen
17 Glatter Gefühlskontakt viscerotone Extraversion	17 Horizontale seelische Spaltung, somatotone Extraversion	17 Vertikale seelische Spaltung, Introversion
18 Entspannung und Soziophilie unter Alkoholeinfluß	18 Rechthaberisch	18 Weitgehende Alkoholfestigkeit
19 Bei Kummer Verlangen nach Gesellschaft	19 Bei Kummer Verlangen nach Tätigkeit	19 Bei Kummer Verlangen nach Einsamkeit
20 Leitbild: Kindheit und Familienbeziehungen	20 Leitbild: Ziele und Treiben des Jugendalters	20 Leitbild: Das spätere Lebensalter

(In der Übersetzung v. Koch u. Höhn. A.d.Ü.)

Körperbau	Temperament
1. Endomorphie:	**1. Viscerotonie (V):**
Allgemein rundliche Formen; die Verdauungsorgane nehmen viel Platz ein; Extremitäten verhältnismäßig kurz, Hände und Füße klein.	Schlaffe Körperhaltung; Hang zur Bequemlichkeit; gesellig, umgänglich, tolerant (extravertiert); Freude am Essen, an anderen Menschen, Verlangen nach Zuneigung und Anerkennung; gleichmäßige Stimmung, ebenmäßiger Gefühlsablauf; bei Kummer Bedürfnis nach anderen Menschen.
2. Mesomorphie:	**2. Somatotonie (S):**
Körperstruktur (Knochen, Muskeln, Bindegewebe) stark entwickelt und bestimmend; starke Blutgefäße; hart, fest, gerade Haltung, relativ kräftig und grob, ziemlich dicke Haut.	Verlangen nach Selbstbestätigung; energische Aktivität und körperlicher Mut; Herrschsucht, Machttrieb, Freude am Risiko; Ungeniertheit im Benehmen; Freude am Konkurrenzkampf; seelische Robustheit, Mangel an Mitgefühl und an Feingefühl; bei Kummer Bedürfnis nach Tätigkeit.
3. Ektomorphie:	**3. Cerebrotonie (C):**
Schwach entwickelte Verdauungsorgane und Körperstruktur. Im Verhältnis zur Masse relativ große Körperoberfläche, bietet daher der Außenwelt eine maximale sensorielle Angriffsfläche; zart, flacher Brustkorb, lange schmale Glieder.	Neigung zu Hemmungen und zur Zurückgezogenheit; will sich verbergen (wünscht Intimität und Einsamkeit – Introversion); Unberechenbarkeit des Verhaltens und des Gefühls; überaufmerksam, extrem schnelle Reaktionen; bei Kummer Bedürfnis nach Einsamkeit.

(Aus J. Nuttin, «La structure de la personnalité», Paris 1965.)

führte er fünf Jahre lang an 200 jungen Leuten minutiöse Untersuchungen von Körperbau und Temperament durch. Er stellte schließlich einen sehr engen Zusammenhang fest zwischen

- Endomorphie und Viscerotonie
- Mesomorphie und Somatotonie
- Ektomorphie und Cerebrotonie.

Wenn man nun also den Körperbautyp – seine dreistellige «Nummer» – kannte, konnte man die Temperaments-«Nummer» mit ziemlicher Sicherheit ableiten und umgekehrt. Allerdings kommen, was Sheldon selbst zugibt, Fälle vor, die zu diesen Thesen in krassem Widerspruch stehen.

Drei Fälle nach Sheldon
In seinem Buch («The Varieties of Human Physique», New York 1940) läßt Sheldon alle von ihm untersuchten zweihundert Fälle Revue passieren, um die Beziehung zwischen Körperbautyp und charakterlichen Tendenzen zu verdeutlichen. Auf gut Glück wählten wir drei dieser kleinen «Porträts» aus (hier nur in Vorderansicht abgebildet), um dem Leser einen Eindruck von Sheldons praktischer Arbeit zu vermitteln (Abb. 11).

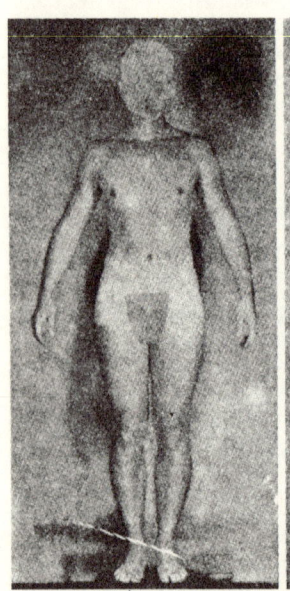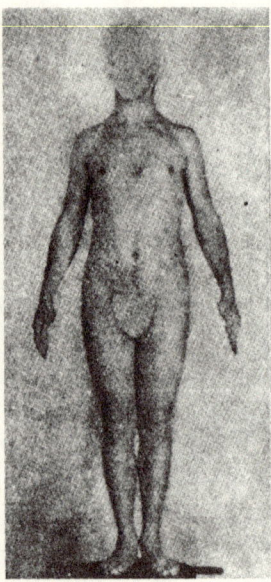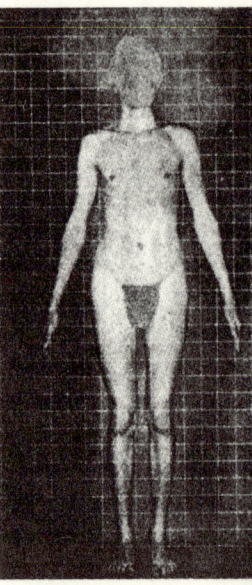

Abb. 11. Von links nach rechts:
Körperbautyp 362 (Temperament 262)
Körperbautyp 543 (Temperament 532)
Körperbautyp und Temperament 226

Körperbautyp 362 und Temperament 262: Wie Sie sehen, ein muskulöser, kraftvoller Mensch. Breite Schultern, flacher Bauch, starker Hals – die Figur eines Sportlers. Er ist etwas grob, obwohl er gewöhnlich ruhig und Herr seiner Selbst zu sein pflegt. Im Zorn jedoch ist er wie umgewandelt, gerät dermaßen in Wut, daß er zu übermenschlichen Anstrengungen fähig wird... Intellektuell hat er erst die unterste Stufe der Leiter erklommen und wird bald von diesem bescheidenen Sitz wieder hinuntersteigen, denn er hat gern festen Boden unter den Füßen. Aber er wird ein guter Bürger sein. Berufliche Pläne: er möchte gerne Sportredakteur werden.

Körperbautyp 543 und Temperament 532: Ein untersetzter bis rundlicher Mann, der viel Energie besitzt und eine Neigung zur Gewichtszunahme... Der Brustkorb ist gerundet und füllig, die Hüften sind fast ebenso breit wie die Schultern, der Unterleib ist vorgewölbt. Bei dem zur Zeit noch schlanken jungen Mann hat sich bislang keine ernsthafte Neigung entwickelt, es sei denn die Freude am Spaß. Doch sein Über-die-Stränge-schlagen ist so harmlos, so normal, seine Umgänglichkeit so erkennbar, daß er überall gern gesehen ist, selbst im Amtszimmer des Dekans. Sicherlich wird sich bei einem Jungen dieses Naturells nur geringe kritische Intellektualität entwickeln, aber es ist ebenso wahrscheinlich, daß er ihrer niemals bedürfen wird. Er ist der Typ des wohlgenährten, toleranten, freundlichen Menschen.

Körperbautyp und Temperament 226: Körperlich ist er schmal, doch normal, hat einen schlanken Hals, einen mäßig langen Rumpf mit langen Armen und Beinen. Sein Gang ist linkisch, doch lang ausschreitend. Hochgewachsen, ein wenig zart und kindlich in der Erscheinung, verfügt er dennoch über eine gute Gesundheit. Er scheint überall gern gesehen zu sein und niemals Feindseligkeit zu wecken. Indes entwickelt er einen starken unterschwelligen Ehrgeiz und beteiligt sich an den wissenschaftlichen Universitätswettbewerben mit einem Eifer und einer Ausdauer, wie sie ein 262 (d. h. ein Somatotoniker) nur für den sportlichen Wettkampf einsetzen würde. Er aber ist ein Intellektueller und beschränkt seine beträchtlichen Ambitionen auf das Studium. Als Theoretiker arbeitet er in seiner Freizeit Weltverbesserungspläne aus.

II. Gesicht und Charakter

Sheldon hat sich ausschließlich für den Körperbau interessiert. Das Gesicht war für ihn nur von begrenztem Interesse; es geschah nicht nur aus Diskretion, daß die Gesichter der Versuchspersonen auf seinen anthropometrischen Abbildungen wegretuschiert wurden. Kretschmer teilte diese Ansicht nicht. Er war der Meinung, daß die Untersuchung des Gesichts, «der Visitenkarte der Gesamtkonstitution», interessante Aufschlüsse über den Charakter eines Individuums geben könne. Überdies ist es dem deutschen Psychologen Conrad Katz gelungen, durch Übereinanderkopieren einer großen Anzahl von Porträtaufnahmen einen pyknischen und einen leptosomen «Idealtyp» herauszukristallisieren (Abb. 12).

Seit Aristoteles, der von der charakterlichen Bedeutung der verschiedenen Gesichtszüge überzeugt war, haben Tausende von Autoren versucht, aus dem Blick, der Form des Mundes, der Nase, der Ohren bestimmte Aufschlüsse über den Charakter zu gewinnen. Und noch heute hält die Volksweisheit daran fest, daß die Gesichtszüge wichtige Schlüsse auf den Charakter zulassen. So heißt es etwa, das *Kinn* informiere über Energie und Willenskraft eines Menschen. Ist es vorspringend, lasse das auf Ehrgeiz und autoritäres Wesen schließen. Ein «fliehendes» Kinn bedeute ein Sich-Zurückziehen auf sich selbst und mangelnde Entschlußfähigkeit. Der *Nase* wird Aufschluß über die Lebenskraft zugeschrieben. Ist sie dick und fleischig, dominiert der materielle Instinkt, ist sie gerade und spitz, beweist das angeblich Scharfsinn und feinen Geschmack. Die *Augen* gelten als «Spiegel der Seele». Weit geöffnet, verraten sie ein heiteres Gemüt, Erwartung, Gefühlsüberschwang, bei gesenkten Lidern Konzentration der Gedanken. Schwarze Augen sollen von Dynamik, blaue von Unbekümmertheit, grüne von einer Denker-Natur künden, zusammengewachsene Augenbrauen auf Eifersucht, außen nach oben gerichtete auf Nervosität schließen lassen, aber auch auf lebhafte intellektuelle Aktivität. Die drei Teile des *Ohrs* – Ohrmuschel, Ohrleiste und Ohrläppchen, geben jeweils über das Triebleben, das Gefühlsleben und den Intellekt Aufschluß...

Man sollte solche Behauptungen nicht restlos von der Hand weisen. Sie gehören zu einem auf alten Erfahrungen und Volksweisheit beruhenden Wissensbestand. Jedoch kann diese Zerlegung des Gesichts – und damit des Charakters – in einzelne Teile nur ein bedeutungsloses Puzzle, zudem ein bloß statisches Bild ergeben. Wie soll man einander widersprechende Anzeichen deuten? Und mit welcher Theorie sollte man rechtfertigen, daß gesenkte Augenlider ein Zeichen der Konzentration oder zusammengewachsene Augenbrauen ein Zeichen von Eifersucht seien?

Will man die möglichen Zusammenhänge zwischen Gesicht und Charakter in wissenschaftlichem Geist erforschen, muß man das Gesicht in seiner Ganzheit und in seiner Ausdrucksdynamik zu erfassen suchen und eine methodische Deutung seiner Beziehungen zur Persönlichkeit anstreben.

Die Morpho-Psychologie von Corman

Nachdem wir eine deutsche Lehre – die von Kretschmer – und eine amerikanische – die von Sheldon – umrissen haben, ist es nicht mehr als billig, auf das Werk des französischen Wissenschaftlers Dr. Louis Corman einzugehen, dem es in vierzigjährigem Bemühen gelungen ist, zu einer interessanten These der Beziehungen zwischen Gesicht und Persönlichkeit zu gelangen, die er als «Morpho-Psychologie» bezeichnet. Die Grundlagen dazu hatte er in Arbeiten des Lyoner Arztes Claude Sigaud gefunden.

Sigaud war es, der das sogenannte Gesetz von der Dilatation (Erweiterung, Ausdehnung) und Retraktion (Zusammenziehung) auf die Medizin angewandt hat, das auch uns hier zu einem tieferen Verständnis der Beziehungen zwischen Körpergestalt und Psyche verhelfen soll. Geht man mit Corman davon aus, daß *Ausdehnung* und *Zusammenziehung*, jene zweifache Bewegung des Lebens, den Drang zu *Entfaltung* und *Erhaltung* ausdrücken, «gewinnt man für die Deu-

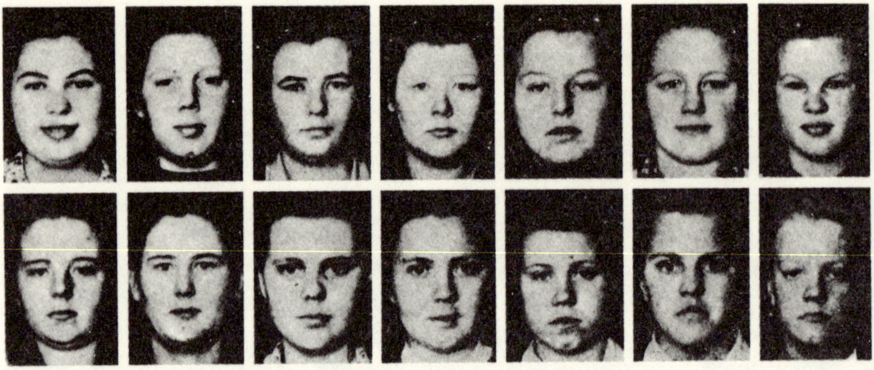

Pykniker

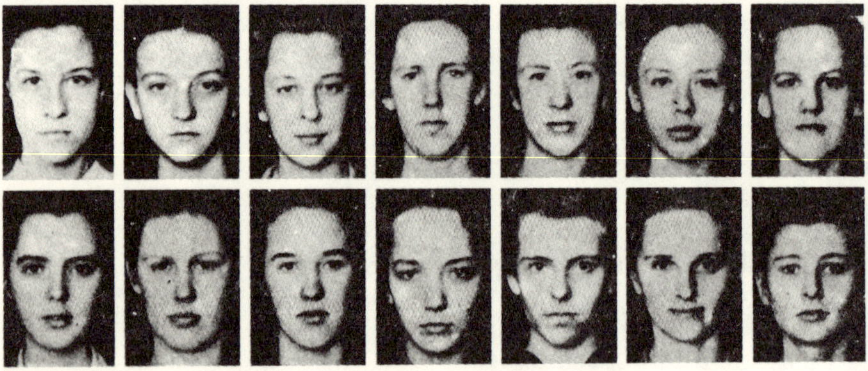

Leptosome

Weiblicher pyknischer Typus

Weiblicher leptosomer Typus

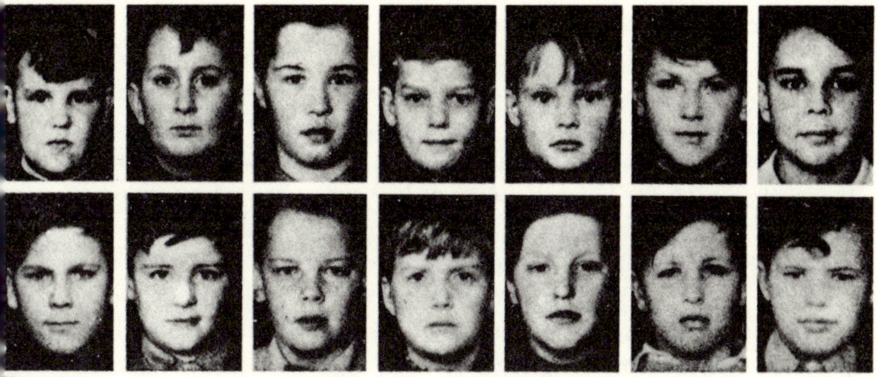

Pykniker

Leptosome

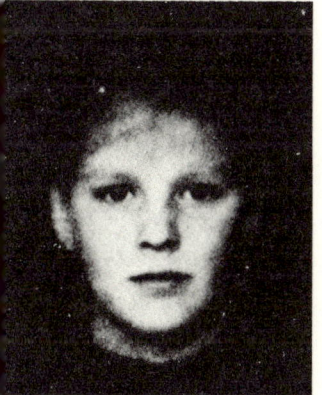

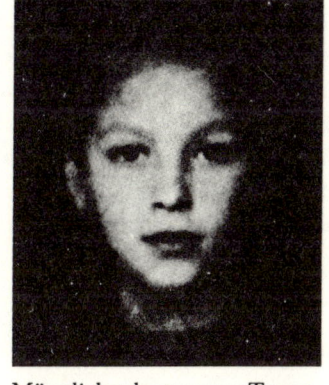

Männlicher pyknischer Typus   Männlicher leptosomer Typus

Abb. 12. Durch Übereinanderkopieren einer Reihe von Aufnahmen gelangte
Conrad Katz zu Porträts, die jeweils den reinen Typus des weiblichen und
des männlichen Pyknikers und Leptosomen darstellen. – Aus Conrad Katz,
«Der Konstitutionstypus», Berlin-Göttingen-Heidelberg 1963.

tung der Beziehungen zwischen Gestalt und Psyche eine ganz neue Position». (Corman, «Nouveau manuel de morpho-psychologie», Paris 1966.)

Der menschliche Organismus wird sich je nach seinem Erbgut, aber auch je nach der Umwelt, in der er lebt, ausweiten oder zusammenziehen. In jedem Menschen zeigen sich diese zwei entgegengesetzten Tendenzen zur Entfaltung und Erhaltung. Jedoch wird beim Entfaltungs-Typ die Tendenz zur Ausweitung überwiegen. Beim anderen wird sich stärker die Tendenz zur Erhaltung zeigen, womit wir den Typus des Zusammenziehenden vor uns haben. Nichts spiegelt diese Unterteilung in zwei Kategorien deutlicher als das Gesicht.

Die Entfaltungs-Typen

Körperlich: Sie haben ein fleischiges, großes Gesicht, einen klaren Teint und frische Farben. Die Sinnesöffnungen sind der Außenwelt aufgetan – der große, volle Mund öffnet sich zu einem Lächeln, die Nase ist kräftig, hat leicht geblähte Nasenflügel; auch die Augen sind groß, leicht vorgewölbt und weit auseinanderliegend.

Charakterlich: Die Entfaltungs-Typen besitzen viel Anpassungsfähigkeit und nehmen das Leben nicht schwer. «Ihr Charakter ist unkompliziert, sie sind optimistisch und gut gelaunt, mit ihrem Los zufrieden und nehmen die Welt, wie sie ist... Sie hängen sehr an irdischen Gütern... Sie haben Geschäftssinn, schaffen sich viele Freunde und können ohne Gesellschaft nicht leben... Ihre Vorstellung von der Welt ist im wesentlichen realistisch und praktisch.» Im allgemeinen sind sie erfolgreich im Leben, vor allem im Geschäftlichen. Doch diese ausgezeichnete Anpassung wird durch einen gewissen Mangel an Persönlichkeit bezahlt. Diese Typen sind ein Spiegel ihrer Umwelt, deren Bräuche und Vorurteile sie relativ unkritisch übernehmen. Ihr Innenleben ist dürftig. Sie sind oberflächlich, oft eitel, trauen mehr dem äußeren Schein und lassen sich bisweilen von ihren Trieben hinreißen. Sie gehören nicht zu den schöpferischen Typen, es mangelt ihnen an Phantasie.

Die Erhaltungs-Typen

Körperlich: Sie haben ein langes und schmales, wenig fleischiges, knochiges Gesicht. Ihre Haut ist blaß. «Ihre Sinnesöffnungen sind nur wenig geöffnet – die Lippen sind eingekniffen, die Nasenlöcher halb geschlossen, die Augen liegen tief in den Höhlen und wirken daher klein.» Die zurückziehende Erhaltungs-Tendenz zeigt sich auch vertikal in der Schmalheit von Nase und Mund und den eng gestellten Augen.

Charakterlich: Weit sensibler als die Entfaltungs-Typen, passen sie sich der Umwelt nur schwer an, was ihrer Individualität zugute kommt. Sie sind wählerisch, nicht nur in bezug auf ihren Umgang, sondern auch auf ihre beruflichen Interessen. Konzentriert, aufmerksam, nachdenklich, haben sie für das spekulative Denken viel übrig. Im Gegensatz zu den Entfaltungs-Typen neigen Erhaltungs-Typen zur Spezialisierung. Sie werden oft Wissenschaftler und Techniker. Sie fühlen sich wohl, wenn sie beim Arbeiten allein sind. Allenfalls umgeben sie sich mit treuen, sorgsam ausgewählten Mitarbeitern. Erhaltungs-Typen sind oft schüchtern, gesellschaftlich ungewandt, machen sich leicht Sorgen. Sie passen sich schwer an, es fehlt ihnen bisweilen an gesundem Menschenverstand und Geschicklichkeit im Umgang mit Menschen. Kalt und distanziert, können sie nachtragend, empfindlich, ja böswillig sein. Charakterlich haben sie es nicht leicht, und im allgemeinen fühlen sie sich in ihrer Haut nicht besonders wohl.

Verschiedene Arten von Erhaltungs-Typen

Louis Corman dient die Teilung in Entfaltungs- und Erhaltungs-Typen nur zur methodischen Vereinfachung. In Wirklichkeit gibt es unzählige Übergänge vom einen zum anderen Typus. Will man Entfaltung und Erhaltung biologisch erfassen, kann man sich laut Corman die morpho-psychologische Entwicklung am Ablauf der Lebensalter vergegenwärtigen.

Der sich sehr schnell entwickelnde Säugling – die personifizierte Aufnahmebereitschaft – könnte ein Abbild des «extremen Entfaltungs-Typs» sein. Seine Anpassung geht passiv vor sich. Doch das

Kind wächst heran, und es dominiert in ihm nicht mehr die Ernährung, sondern die Aktivität. Parallel dazu verschmälert und verlängert sich das Gesicht, was sich zumal im Profil verrät; es hat «eine Zurückziehung in der Breite durchgemacht». Allmählich wird der Heranwachsende zum Mann und das Bewegungsbedürfnis nach und nach durch Überlegung und Beherrschung der Impulse ersetzt. Das Profil bildet sich aus, insbesondere Nase und Stirn, während Augen und Mund zurückweichen: das ist die «frontale Zurückziehung». Nach Erlangung der Reife schließlich beginnt der Mensch ganz allmählich zu altern. Die entfaltenden Kräfte nehmen zugunsten der erhaltenden ab. Das Gesicht bekommt Falten, und vor allem schrumpft nach dem Ausfallen der Zähne der Kiefer, während der Schädel von diesem Prozeß verschont bleibt. Das ist das Stadium der «Zusammenziehung», des «extremen Erhaltungs-Typs».

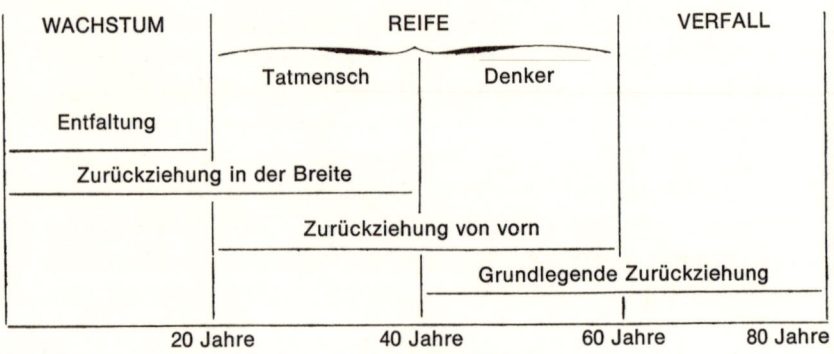

Schema der altersmäßigen Entwicklung (nach Corman).

Wohlverstanden ist dies nur ein Schema, aber für die Beurteilung des Charakters ist es von Nutzen. In Wirklichkeit ist diese Entwicklung nur ein statistisches Gesetz. Manche Menschen werden bis zu ihrer letzten Stunde Entfaltungs-Typen bleiben. Andere werden bereits von Kindesbeinen an deutliche Zeichen der Erhaltungs-Tendenz aufweisen. Als die ausgewogensten Persönlichkeiten sind selbstverständlich die anzusehen, die sich zwischen den Extremen bewegen.

56

Wir werden nun kurz auf den Charakter von Menschen eingehen, bei denen eine der zwei Arten von Zurückziehung (aus der Breite oder von vorn) dominiert, was uns Bezugspunkte in der unendlichen Vielfalt der morpho-psychologischen Typen liefern kann.

Der «seitlich zurückgezogene» Typ: Gesichtsmitte und untere Gesichtshälfte sind bei diesen Menschen am stärksten entwickelt und springen «schnauzenförmig» vor. «Kinn und Backenknochen sind ebenfalls vorspringend. Die Adlernase ist groß, gerade, wie ein Adlerschnabel gebogen; die Nasenflügel vibrieren. Die flache Stirn weicht stark zurück. Die Augen sind groß und liegen oft wenig tief.»

Charakterlich gehört der «seitlich zurückgezogene» Typ zu den aktiven Bewegungs-Typen. Er kann nicht an einem Ort bleiben, er braucht Weite und Luft und geht gern auf Reisen. Das ist der sportliche Typ, der Typ des Soldaten, Seemanns, Forschers. Er ist tapfer, leidenschaftlich, feurig, kühn, sympathisch, aber eher roh und ein wenig oberflächlich. Seine Intelligenz bewährt sich nur am konkreten Objekt. Er denkt nur im Handeln. Er ist in all jenen Berufen erfolgreich, in denen es der Verwegenheit, des Mutes und der Geschicklichkeit bedarf. Dies ist kein Büromensch, denn er bleibt nicht gern an einem Fleck und versteht nicht, sich auf eine monotone oder Präzision erfordernde Arbeit zu konzentrieren.

Der «von vorn zurückgezogene» Typ: Schön in der Mitte zwischen Entfaltungs-Typen und «extremen Erhaltungs-Typen» bewegt sich diese Gruppe. Der «von vorn Zurückgezogene» ist ein ausgeglichener Mensch, denn es gelingt ihm, eine harmonische Verbindung zwischen Entfaltungs- und Erhaltungstendenz herbeizuführen. Körperlich charakterisiert sich dieser Typus durch sein zurückweichendes Profil, das nicht mehr «schnauzenartig» vorgebaut ist wie in unserem vorigen Beispiel. Das berühmte griechische Profil ist das eines «von vorn Zurückgezogenen». Darüber hinaus sind die Sinnesöffnungen, Augen, Nase und Mund, weder offen noch geschlossen; sie sind geborgen.

Charakterlich nimmt er die Stellung des Beobachters ein. Er schafft Distanz zwischen den Dingen und sich selbst, aber nicht allzu viel. Die Triebe sind gut entwickelt, bleiben jedoch unter der Kontrolle des Verstandes. Er wählt sich seine Freunde, zu denen er dann ein warmherziges Verhältnis entwickelt. Sagt ihm ein Milieu nicht zu, hält er Distanz. Er ist sowohl des individuellen Denkens wie auch des Handelns fähig, ist eine Persönlichkeit und kann auch kaltblütig überlegen. Sein reiches Innenleben tut seinem Verhältnis zur Umwelt keinen Abbruch – im Gegenteil. Dieser Mensch kommt gut durchs Leben, es stehen ihm viele Berufe offen. Nach Corman «bleibt er gewöhnlich nicht in subalterner Stellung; wo immer ihn das Schicksal hinstellt, entwickelt er sich fast stets zum Meister. Er verfügt über Autorität und ausgezeichnete Führungsqualitäten».

Die drei Ebenen des Gesichts

Wir haben Entfalter und Erhalter als solche beschrieben. Doch muß die Morpho-Psychologie viel feinere Unterschiede berücksichtigen, da ja auch die Gesichter im allgemeinen nicht einheitlich sind. So kann ein Gesicht in der Ebene der Mundwinkel zurückgezogen, in Stirnhöhe erweitert sein. Ein anderes wird von einer starken Nase mit offenen Nasenflügeln beherrscht, die in einem schmalen Gesicht thront. Dies wird von Corman keineswegs übersehen. So schlägt er vor, das Gesicht in drei Zonen aufzuteilen, die jeweils einem bestimmten charakterlichen Bereich entsprechen:
– die untere Ebene (Untergesicht), in der das Triebleben Ausdruck findet,
– die mittlere Ebene (Mittelgesicht), in der sich das Gefühlsleben spiegelt,
– die obere Ebene (Obergesicht), die Aufschluß über das Denken gibt.
Unter den mannigfaltigen menschlichen Gesichtern läßt sich häufig beobachten, daß eine der drei Gesichtsebenen stärker ausgeprägt ist als die anderen. Wie Corman drei Ebenen unterscheidet, so differenziert er auch zwischen drei solchen Unter-Gruppen:
– Instinktbetonte,
– Gefühlsbetonte,
– Verstandesbetonte.
Instinktbetonte: Sie kennzeichnen sich durch die Vorherrschaft der

58

Mund- und *Kinn*region. Hier dominieren also Instinkt und Trieble-ben. Das Streben nach handgreiflichen materiellen Gütern ist ihr oberstes Ziel. Sie lieben ihre Bequemlichkeit, gute Mahlzeiten, große Wagen, bequeme und imposante Möbel. Ihre menschlichen Kontak-te sind gut, entbehren aber feinerer Regungen. Zartgefühl, intellek-tuelle Denkart sind ihnen fremd. Zum Ausgleich verfügen sie über ein «dickes Fell» und lassen sich nicht durch unangebrachte Emp-findlichkeit hemmen. Handwerkliche, kommerzielle, sogar soziale Tätigkeiten liegen ihnen. Oft findet ein Typ dieser Art Anklang bei den Massen.

Gefühlsbetonte: Hier dominieren die *Nase* und die *Backenknochen.* Das Profil ist kräftig, die Backenknochen treten stark hervor, die Nasen-flügel sind breit. Für diese Menschen spielt sich das Wesentliche des Lebens in der Gefühlswelt ab. Ihre gefühlsmäßigen Reaktionen sind immer lebhaft, und die Anwesenheit anderer Menschen können sie kaum entbehren. Es versteht sich, daß dieses Überwiegen des Ge-fühlslebens die verschiedensten Formen annehmen wird, je nachdem ob es sich um das Gesicht eines Entfalters oder eines Erhalters han-delt. Doch stets wird das Gefühl über Triebleben und Intellekt sie-gen.

Verstandesbetonte: Hier beherrschen *Schädel* und *Stirn* das Gesicht. Ebenso geben Denken, Vorstellungskraft und Verstand im Leben den Ausschlag. Stets aber, mehr noch als die anderen Gesichtsteile, muß das Obergesicht im Zusammenhang mit einer großen Zahl von anderen Faktoren beurteilt werden. Tatsächlich wäre es ein Irrtum, zu glauben, eine hohe Stirn reiche aus, um auf überdurchschnittliche intellektuelle Fähigkeiten schließen zu dürfen.

Worauf es laut Corman vor allem ankommt, ist die Harmonie der Proportion, des Verhältnisses der Stirn zum übrigen Gesicht. Eine hohe, runde Stirn in einem passiven Gesicht mit ausdruckslosen Augen wird auf eine zwar vielleicht lebhafte, aber nebulöse Denk- und Vorstellungskraft schließen lassen. Im Gegensatz dazu läßt eine differenzierte halbhohe Stirn mit ausgeprägter Modellierung sehr günstige Schlüsse zu. Eine zu stark modellierte Stirn hingegen wird ein Zeichen von Denkhemmungen sein. Für die Praxis gibt auch der

Neigungswinkel der Stirn wichtige Hinweise: Nicht die auf impulsives, bisweilen vorschnelles Denken deutende fliehende Stirn und nicht die steile Stirn, die auf schwerfälliges Denken schließen läßt, zeigen besondere intellektuelle Fähigkeiten an, vielmehr finden wir diese bei Leuten mit einer weder zu steilen noch zu stark zurückweichenden Stirn.

Das «große» und das «kleine» Gesicht

Corman trifft noch eine letzte wichtige Unterscheidung: zwischen dem, was er ein großes Gesicht und dem, was er ein kleines Gesicht nennt. Das große Gesicht ist der Rahmen, der die Intensität der Reserven an Lebenskraft anzeigt. Ist das Gesicht groß, sind auch sie groß; ist es schmal oder klein, sind sie begrenzt. Das kleine Gesicht ist eine rund um die Sinnesöffnungen Nase, Augen und Mund sich abzeichnende Grenze. Nach Corman gibt sie Aufschluß über die Art der Umweltbeziehungen eines Menschen.

Sind die Sinnesöffnungen groß, spielen die Umweltbeziehungen eine wichtige Rolle. Sind sie klein oder kümmerlich, ist das Gegenteil der Fall. Man begreift, daß dann auch der Unterschied zwischen großem und kleinem Gesicht bedeutungsvoll ist. «Man sieht sich», heißt es bei Corman, «zur Definierung von zwei weiteren typischen, einander entgegengesetzten Formen veranlaßt: ‹Entfalter mit geschlossenen Sinnesöffnungen› und ‹Erhalter mit offenen Sinnesöffnungen›, die ich darüber hinaus als ‹Reagierer› bezeichne – man wird gleich verstehen warum.»

Entfalter mit geschlossenen Sinnesöffnungen: Ein großer Rahmen, kleiner Mund, kleine Nase, kleine Augen, das ist das «verschlossene» Gesicht. Die mit einem solchen Gesicht Ausgestatteten sind große Individualisten und lassen sich nicht leicht beeindrucken. Sie sind im allgemeinen autoritär und lassen sich selten von einem Ziel abbringen. Sie sind stur, doch verleiht ihnen gerade dieser Mangel an Geschmeidigkeit auch eine gewisse Kraft der Beständigkeit.

Die «Reagierer»: Im engen Rahmen weitgehend entfalterische Gesichtszüge – große Nase, großer Mund, große Augen: das ist, was man ein «offenes» Gesicht nennt. Sein Ausdruck ist lebhaft, frisch,

60

jugendlich. Charakterlich neigt dieser Typus dazu, auf alle Anregungen seiner Umwelt zu reagieren (daher die Bezeichnung «Reagierer»).

Sie bilden eine sehr große Gruppe, in der es eine Fülle von individuellen Unterschieden gibt. Wir können uns nicht mit jedem einzelnen aufhalten, wollen aber schnell noch die den «Reagierern» gemeinsamen Züge betrachten. Sie verfügen über große Wendigkeit, wache Intelligenz und ein lebhaftes Gefühlsleben. Sie sind angenehme, häufig brillante Gesellschafter. Im Handel, Modefach, Journalismus sind sie in ihrem Element, denn sie verbinden die notwendige Lebhaftigkeit mit dem Sinn für das Aktuelle. Dagegen mangelt es ihnen an Ausdauer und Kraft; sie neigen oft dazu, sich zu verzetteln, anstatt ein bestimmtes Ziel konsequent zu verfolgen. In der Liebe sind sie wenig beständig, wiewohl das sexuelle Triebleben bei ihnen ein nettes Mittelmaß nicht überschreitet. In geschäftlichen Dingen verlieren sie bei Schwierigkeiten leicht die Lust, ebenso wie ihnen alle technischen Tätigkeiten mißfallen, die Präzision und Ausdauer erfordern. «Sie verfügen», heißt es bei Corman, «über mancherlei Talentchen, aber nicht über große oder gar über geniale Gaben. Sie sind überall eher Dilettanten als Schöpfernaturen.»

Die Mimik des Gesichts

Corman hat uns gelehrt, ein Gesicht aufgrund seiner Form, seiner Modellierung, seines Aufbaus zu beurteilen. Weniger interessierten ihn die Ausdrucksbewegungen des Gesichts, seine wechselnde Mimik, die fraglos ebenso aufschlußreich ist. Für Dr. Ermiane dagegen («Visages et contacts humains», Paris 1969) zählt bei der Bewertung eines Gesichts am meisten die «expressive Funktion der Gesichtsmuskeln und Blicke». «Unmittelbar unter der Gesichtshaut», heißt es bei Ermiane, «liegt eine Anzahl von Muskeln, die sich um Augen, Nase und Mund gruppieren, und von denen die einen dazu dienen, diese zu öffnen, die anderen, sie zu schließen ... Studiert man den wechselnden Gesichtsausdruck, erkennt man leicht, daß jede Zusam-

Bewegung des kleinen Jochbeinmuskels: Ausdruck des Schmerzes.

Bewegung des großen Jochbeinmuskels: Ausdruck der Freude.

Abb. 13.

menziehung der Gesichtsmuskulatur und jede Blickrichtung einem
spezifischen Charakterzug Ausdruck geben, und das unabhängig
von Alter, Rasse oder Gegebenheiten des Augenblicks ... Wenn man
Muskelbewegungen und Blicke anhand des wechselnden Mienen-
spiels zu entziffern gelernt hat und die geistigen Vorgänge kennt, denen Bewegungen und Blicke entsprechen, wird es möglich sein, aus
dem Gesichtsausdruck immer vielfältigere Regungen abzulesen; er
wird zum immer vielseitigeren Spiegel psychischer Grundlagen. So
ist beispielsweise eine leichte Veränderung der Nasenlippenfalte auf
eine Kontraktion des kleinen Jochbeinmuskels zurückzuführen, die
verrät, daß der Mensch Schmerz empfindet; ein Lächeln in Höhe der
Oberlippe, das auf die Zusammenziehung des großen Jochbeinmuskels zurückzuführen ist, kündet von freudigen Empfindungen und
Heiterkeit (Abb. 13). Wird die Haut des Kinns durch den darunter-
liegenden Quadratmuskel gespannt, drückt das ein Wollen aus.»
Ohne uns hier weiter theoretisch über die Arbeiten von Ermiane zu
verbreiten, wenden wir uns lieber einem konkreten Beispiel für die
Anwendung dieser Methode zu – einer Methode, der Ermiane den
Namen «Prosopologie» gegeben hat, was soviel wie «Gesichtskunde»
bedeutet. Nehmen wir folgendes Beispiel: Wie kann man feststellen,
ob jemand schüchtern ist? Dazu gehört Abbildung 14.
Nach Ermiane treten bei jedem Ausdruck von Schüchternheit zwei
Muskeln in Aktion: einmal der zur Ringmuskulatur des Mundes ge-
hörende Muskel, der die Lippen (z. B. beim Kuß) nach vorn stülpt.
Wird dieser Muskel angespannt, bedeutet das, einen Gefühlskon-

A   B   C

Abb. 14.

takt mit seinem Gegenüber herzustellen, sich indes auch von ihm abhängig zu fühlen. Doch beim Schüchternen zieht sich gleichzeitig der
die Mitte der Unterlippe bewegende Kinnmuskel zusammen – ein
deutliches Merkmal der Schüchternheit. Figur A zeigt den Schüchternen, wie er beide Muskeln zugleich zusammenzieht. Bisweilen tritt
noch ein dritter ins Spiel, der die Mundwinkel herabziehende Muskel, woraus zu ersehen ist, daß der Scheue seine Situation als unangenehm empfindet, Figur B. Zu diesen «klassischen» Äußerungen der
Scheu können sich auch andere Züge gesellen, wenn nämlich auch
noch der Stirnmuskel und der Augenbrauenrunzler zusammengezo-
gen werden. Dann hat man, Figur C, einen Schüchternen vor sich,
der an sich zweifelt.

III. Grenzen der Charakterdeutung nach dem Körperbau

Daß zwischen Gestalt und Charakter ein Zusammenhang besteht, wie wir in diesem Kapitel feststellten, läßt sich nicht leugnen. Sheldon, Corman und andere Autoren liefern uns leicht anzuwendende Typologien, mit deren Hilfe wir unsere Nebenmenschen zu erkennen vermögen. Die von diesen Autoren vorgeschlagenen Deutungen lassen sich in Pädagogik, Berufsberatung und auch sonst im Alltagsleben anwenden.

Doch bis zu welchem Grade kann man der Morphologie, die Schlüsse aus dem Äußeren zieht, bei der Charakteranalyse vertrauen? Andere Forscher, die die Bedeutung des Themas erkannten, haben versucht, die Grenzen der morphologischen Typenlehre aufzuzeigen.

Die Prinzipien in Frage gestellt

Zunächst einmal darf man nicht vergessen, daß noch keine Erklärung für die Beziehung zwischen Gestalt und Charakter gefunden worden ist. Einer der kompetentesten französischen Spezialisten, Eugène Schreider, sagte zum Thema der Erforschung der verschiedenen Körperbautypen: «Wir können es nicht bei einzelnen äußeren Messungen und bei einer beschreibenden Gestaltkunde bewenden lassen. Wer von ‹Körperbautypen› spricht, setzt voraus, daß die Körperformen sich eindeutig klassifizieren lassen und mit bestimmten Gruppen feststehender Charakterzüge verbunden sind. Das ist ein fundamentaler Irrtum», meint Schreider und fügt hinzu: «Die Faktorenanalyse zeigt, daß gewisse Morphologen etwas gesehen haben. Doch sind sie bei der Definition der Typen, die sie bei der Klassifikation als Beispiel heranzogen, offenbar lediglich von besonders ausgeprägten Fällen ausgegangen, wie sie am extremen Flügel einer ganzen Reihe von stufenlos ineinander übergehenden Varianten auftreten.» Hierzu sei bemerkt, daß diese Kritik nur auf bestimmte Autoren zutrifft, auf andere dagegen nicht. So sind ja z.B. die Sheldonschen Komponenten stufenlos ineinander übergehende·Varianten.

Die größten Vorbehalte sind in bezug auf den Zusammenhang zwischen Körperbau und Charakter gemacht worden. Für Schreider «kann man generell nicht vom Körperbau auf innere Lebensvorgänge, noch weniger von den berühmten Schädel-Wülsten auf die moralischen Qualitäten eines Menschen schließen, wie Gall es im 19. Jahrhundert tat. Es besteht indes ein Unterschied zwischen der seriösen Konstitutionsforschung und Galls Phrenologie von ehedem. Die regelrecht festgestellten Wechselbeziehungen von Körperbau und Charakter sind Erfahrungstatsachen, und selbst wenn die Zusammenhänge schwach ausgeprägt sind, bleiben sie deshalb nicht weniger wirklich». Aber gewiß ist ihre praktische Tragweite ziemlich begrenzt. Es stimmt nicht, daß wir, weil wir eine lange Nase haben und weitgeöffnete Nasenlöcher, mehr Gefühlswerte zu bieten haben als andere mit einer Nase mittlerer Größe: hier liegt kein Bezug von Ursache zu Wirkung vor. An diesen Gedanken anknüpfend, wird man sich fragen, ob man vom Körperbau auch auf unbewußte Vorgänge im Menschen schließen kann. Es ist kaum anzunehmen, wie es Corman tut, daß der gesamte Charakter und sogar die Form der Intelligenz sich in unseren Gesichtszügen entdecken lassen. Es ist auch mehr als wahrscheinlich, daß insbesondere die von den Psychoanalytikern beschriebenen Komplexe sich am Äußeren nicht abzeichnen, zu ihm sogar im Gegensatz stehen. Zwischen den Tendenzen des Temperaments und den unterbewußten Phänomenen kommt es zum Kampf. Die aus dem Unterbewußtsein kommenden Komplexe können das Verhalten eines Menschen beträchtlich beeinflussen oder es gar beherrschen. Der Körperbau spiegelt dann nur charakterliche Tendenzen, die sich nicht wirklich bemerkbar zu machen vermögen. Man darf auch nicht vergessen, bei der Deutung der Körperbautypen die jeweilige Rasse in Betracht zu ziehen. Schon von einer Landesregion zur anderen ist oft der vorherrschende Typus verschieden. Kann man wirklich annehmen, daß ein Großteil aller Individuen einer Region das gleiche Temperament hat?

Kritik an den Methoden

Auch die statistische Arbeit der Körperbau-Psychologen ist häufiger Kritik ausgesetzt gewesen. Selbst die von Sheldon, trotz aller methodischen Umsicht, die er hat walten lassen. Die Tatsache, daß Sheldon die psychologische Diagnose wie auch die physischen Untersuchungen selbst vorgenommen habe, könne zur Quelle einer «Verunreinigung» der Resultate geworden sein, bemerkt Jean Nuttin in «La Structure de la personnalité» (Paris 1965). Sheldon selbst meinte allerdings, der Unterschied zwischen seinen Resultaten und denen anderer Forscher komme daher, daß die von anderen angewandten Testmethoden nicht die gleiche Gründlichkeit erreichen wie seine Methode der langen Gespräche, Befragungen und Beobachtungen. Was Corman betrifft, lehnt er für seine Arbeit jede Art von Statistik ab. Er ist der Ansicht, daß die Bewegung eines Gesichts und seine allgemeine dynamische Struktur mit statistischen Methoden nicht erfaßt werden könnten. Diese Zurückhaltung ist verständlich. Aber nichtsdestoweniger ist es schade, daß seine Morpho-Psychologie nie die Prüfung einer statistischen Kontrolle bestanden hat, die unserer Meinung nach die Position des Autors nur hätte stärken können, selbst wenn er hie und da das eine oder andere Detail auf dem Altar der Statistik hätte opfern müssen.

Wohl schränkt diese Kritik die Geltung der Lehre von den Beziehungen zwischen Körperbau und Charakter ein. Dennoch bleibt sie bedeutsam, trotz allem. Selbst die Autoren, die zu Sheldon, Kretschmer und Corman am stärksten in Gegensatz stehen, sind von der Tatsache der Beziehungen zwischen Körpergestalt und Temperament überzeugt. Und noch ein Punkt läßt sich zugunsten der Typologie anführen: Obwohl man oft von verschiedenen Voraussetzungen ausging und verschiedene Methoden anwandte, ist man sich doch im Grundsätzlichen einig: Die Dicken und die «Entfalter» sind stets umgänglicher, geselliger als die Mageren, die «Erhalter», und dies bei Sheldon wie bei Kretschmer und Corman. Diese Übereinstimmung ist wesentlich, selbst wenn es zur Zeit noch keine Erklärung für sie gibt.

Der fünfte Schleier:
Die Reaktionen auf die Umwelt

In der Stille einer Bibliothek arbeiten mehrere Personen. Plötzlich hört man draußen eine Autohupe. Beobachten Sie das Verhalten der Leute in Ihrer Umgebung: der eine wird zusammenschrecken und einige Augenblicke lang wegen der empfundenen Störung nicht weiterarbeiten können; ein anderer wird nur den Kopf heben, schnell die Stirne runzeln und dann seine Lektüre fortsetzen; wieder ein andrer, der vielleicht weniger empfindlich ist oder sich stärker konzentrieren kann, bekundet überhaupt keine Reaktion.

Dieses prosaische Beispiel sollte eine Erfahrungstatsache illustrieren. Wir reagieren auf die Umweltfaktoren je nach unserem Temperament. An seiner Reaktion auf Geräusche kann man den «Emotionalen» vom «Nichtemotionalen» unterscheiden. Es gibt übrigens psychologische Tests, in deren Verlauf man, während der Prüfling mit einer komplizierten Aufgabe beschäftigt ist, drei, vier Sekunden lang ein ohrenbetäubendes Geräusch ertönen läßt. Das Ausmaß seiner gefühlsmäßigen Reaktion läßt sich an der Anzahl der Fehler ermessen, die er auf die Störung hin macht, sowie an der Dauer dieser Reaktion.

Das interessante an diesem Beispiel ist der Hinweis, daß man einen Charakter nicht nur nach seiner Reaktion auf psychische oder soziale Ereignisse beurteilen kann, sondern auch nach der Reaktion auf physikalische Vorgänge – in diesem Fall auf den Lärm. Doch gehören zu diesen auch eine Menge von anderen Faktoren wie Temperaturen, Luftfeuchtigkeit und andere meteorologische Bedingungen. Nach Jean Nuttin ist die Persönlichkeit geprägt von der Weise, wie sie fertig wird mit der Spannung zwischen zwei Polen, nämlich dem Ich und der Umwelt. Diese Umwelt der Mitmenschen und Dinge befindet sich also nicht nur außerhalb der Person, sondern bildet den

Inhalt selbst des persönlichen seelischen Lebens. Nach Nuttin sieht die heutige Psychologie das menschliche Verhalten und Handeln als einen Reaktions- und Anpassungsprozeß, bei dem Initiative und Lenkung sozusagen von der Umwelt ausgehen.

An dieser Beziehung zwischen körperlicher und psychischer Reaktion ist eine bedeutende typologische Schule speziell interessiert. Ziel dieser Schule ist, die Reaktionen der Individuen auf Umweltfaktoren zu ermitteln, um daraus Schlüsse auf ihre Charakteranlagen zu ziehen. Es folgen hier einige Forschungsergebnisse dieser Schule.

Die Biometeorologie

Zu den jüngsten unter den Wissenschaften vom Menschen gehört die Biometeorologie, die sich mit dem Studium der Wirkung der Wetterbedingungen auf Lebewesen befaßt. Viele Biometeorologen sind der Meinung, daß solche Reaktionen in direktem Zusammenhang mit der physischen Konstitution, aber auch mit der geistigen Persönlichkeit stehen.

Persönlichkeit und Kältereiz

1958 unternahmen die Ärzte Fine und Gaydos in Zusammenarbeit mit der amerikanischen Marine ein originelles Experiment. Es ging darum, die individuellen Verhaltensunterschiede bei Streß durch Kälte zu ermitteln. 61 Versuchspersonen (VP) mußten sich zunächst einer ganzen Batterie von Tests zur Persönlichkeitsanalyse unterziehen. Dann erst begann das eigentliche Experiment. Die VP mußten sich in Shorts und mit nacktem Oberkörper in einem klimatisierten Raum auf Liegestühlen ausstrecken. Eine halbe Stunde lang blieb die Raumtemperatur bei 25 Grad Celsius, frei von Feuchtigkeit und Luftzug. Plötzlich wurde die Temperatur auf 10 Grad gesenkt, die Luft angefeuchtet und ein künstlicher Wind mit einer Geschwindigkeit von 8 Stundenkilometer entfacht. Diese neuen Bedingungen blieben eine halbe Stunde gleich. Danach maß man bei einer jeden VP sofort die Körpertemperatur: sie war um mehrere Zehntelgrade abgesunken. Inzwischen war die Raumtemperatur wieder bei 25 Grad, die Luftfeuchtigkeit gemindert, der Wind abgestellt. Einige Minuten später maß man die VP ein zweitesmal: Bei den VP, deren psychologische Tests eine ausgeglichene Persönlichkeit angezeigt hatten, war die Körpertemperatur um die Hälfte wieder angestiegen. Doch bei den als «extreme Persönlichkeiten» klassifizierten VP stieg die Temperatur sehr viel langsamer an. Sie brauchten zum Teil doppelt soviel Zeit wie die Ausgeglichenen, um ihre normale Körpertemperatur wieder zu erreichen.

Wetterfühlige und Wetterstabile

Manche Leute reagieren empfindlich auf das Wetter, andere dagegen überhaupt nicht. Empfindliche fühlen sich schon bei den geringsten Veränderungen meteorologischer Faktoren krank; die anderen ertragen die schlimmsten atmosphärischen Bedingungen ohne Beschwerden. Die Wetterempfindlichen bezeichnet man als «wetterfühlig», die anderen als «wetterstabil». Nun geht es darum, zu einer guten Beschreibung der physischen und psychischen Eigenschaften dieser beiden Gruppen zu gelangen. Diese steht bislang noch aus. Intellektuelle reagieren offenbar sehr empfindlich auf Kälte, Hitze und Gewitter. Der Arzt Dr. Duhot erwähnt den Fall eines Patienten, der bei Herannahen eines Gewitters stets Herzanfälle bekam. Wenn er gerade seinen Wagen fuhr, sah er sich zum Anhalten gezwungen, weil er ihn nicht mehr zu beherrschen vermochte. Er mußte dann so lange am Straßenrand warten, bis die ersten Tropfen fielen und seine Beschwerden Erleichterung fanden. Nach dem deutschen Mediziner De Rudder beruht die Schwierigkeit der Anpassung an Wetteränderungen vor allem auf einer Charakteranlage, die ganz allgemein die Anpassung an Veränderungen des Lebens erschwert, seien es soziale, familiäre oder berufliche. Der «atmosphärisch Unangepaßte» sei leicht erkennbar, meint De Rudder. Seine Reaktionen seien lebhaft. Seine Emotionalität sei durchaus offensichtlich: beim geringsten Ärger wechsle er die Farbe. Auch schwitze er leicht. Selten fühle er sich wohl in seiner Haut. Die meisten großen Künstler, Dichter und Schriftsteller seien wetterfühlig gewesen. Einige von ihnen haben selbst ihre Wetterabhängigkeit bezeugt, unter anderen Goethe, Proust und Nietzsche. Die Wetterfühligkeit widerspiegelt unsere allgemeine Empfindlichkeit dem Leben gegenüber. Um so schwerer ist es, sie zu beseitigen, und um so mehr leiden Körper und Seele unter den Launen der Natur.

Grundlagen einer Typeneinteilung nach Reaktionen

Man kann auch feststellen, daß bestimmte Persönlichkeitstypen eine Anfälligkeit für bestimmte Krankheiten zeigen. Unter den Rheumatikern finden sich oft ängstliche und depressive Naturen, unter den Tuberkulösen leicht erregbare, unter den Asthmatikern hypernervöse usw.

Hier handelt es sich um empirische Beobachtungen. Der Wunsch, die Menschen nach ihrer Reaktion auf bestimmte Arten von Wetter wissenschaftlich klassifizieren zu können, ist ein alter Menschheitstraum. Hippokrates nahm vor mehr als zwanzig Jahrhunderten als erster eine solche Klassifikation vor. Die Typologie des Hippokrates findet noch heute Verteidiger unter den Ärzten und Psychologen.

Manfred Currys K- und W-Typen

1946 hat der Biometeorologe Manfred Curry die Basis für eine neue Reaktionstypologie geschaffen. Für Curry gibt es zwei klar abgrenzbare Typen von Reaktionen auf Witterungsbedingungen. Die eine ist charakteristisch für Menschen des von Curry so benannten «K-Typs», die andere für solche des «W-Typs». K ist der Anfangsbuchstabe des Wortes «Kaltfront», die ein plötzliches Absinken der Temperatur mit sich bringt. W ist der erste Buchstabe von «Warmfront», die eine plötzliche Erwärmung herbeiführt.

Die *K-Typen* sind sehr empfindlich gegen brüsk absinkende Temperaturen. Sie leiden stark an Unbehagen und Unpäßlichkeiten, da ihr Körper Schwierigkeiten hat, sich der geänderten Wetterlage anzupassen. Woran erkennt man die K-Typen? Physisch sind sie von zarter Konstitution, sie haben ein längliches Gesicht, einen nachdenklichen Blick. Charakterlich kann man sie den insichgekehrten «introspektiven» Menschen zuordnen, die weder Menschenmengen noch

Lärm schätzen. Sie sind wenig aggressiv und wählen im allgemeinen Berufe mit sitzender Tätigkeit.

Im Gegensatz dazu haben die *W-Typen* Beschwerden bei einem unvermittelten Temperaturanstieg, den sie nur schwer zu verkraften vermögen, und das kann bei ihnen mehr oder weniger schwere gesundheitliche Zwischenfälle hervorrufen. Der Körperbau des W-Typus ist kräftig, seine Gliedmaßen sind oft kurz und muskulös, er hat ein großes Gesicht. Psychisch gehört er zu den extravertierten Menschen; er ist dynamisch, aktiv, der Außenwelt zugewandt. Der W-Typ liebt das Leben, zögert aber nicht, sich aus übermäßiger Kampflust in Schwierigkeiten zu stürzen.

Die Arbeit Currys, die sich auf eine umfangreiche Dokumentation stützt, hat in Spezialistenkreisen großen Widerhall gefunden, insbesondere in der Schweiz und in Deutschland, obwohl man dem Autor seine nur zweiteilige Klassifikation vorgeworfen hat: Selbstverständlich gibt es auch hier Übergangstypen zwischen den beiden Polen.

Der sechste Schleier:
Die physiologischen Anlagen

Die bisher erwähnten Klassifikationen beruhten weitgehend auf Zügen der äußeren Erscheinung, auf dem Aufbau des Körpers und des Gesichts. Nun wollen wir uns für Typologien interessieren, die vor allem auf der «Physiologie» basieren. Der Klassifikation nach strukturellen und immobilen Elementen soll nun die Klassifikation nach dem ewigen Werden folgen, das sich in unserem Nervensystem, den endokrinen Drüsen wie den Blutgruppen widerspiegelt. Auch bei der Untersuchung dieser Systeme gelangte man zur Aufstellung charakterlicher Typengruppen.

Das Zentralnervensystem

Es ist erwiesen, daß die Tätigkeit des Zentralnervensystems, das heißt die unseres Gehirns, für unser psychisches Verhalten eine wesentliche Rolle spielt. Das haben vor allem die Arbeiten des berühmten russischen Physiologen Iwan P. Pawlow bewiesen, der schon zu Beginn unseres Jahrhunderts durch die Entdeckung der «bedingten Reflexe» zu Weltruhm gelangte.

Bekanntlich haben Pawlows Untersuchungen ihn zu einer Klassifizierung nach Temperamenten veranlaßt. Wie er dazu gelangte, hat er in einem Vortrag geschildert, den er vor der Gesellschaft russischer Chirurgen hielt («Die physiologische Lehre von den Typen des Nervensystems» [dtsch. v. Albert Kopp], Sämtl. Werke III/2, Berlin 1953).

Die Methode beruht auf Studien der bedingten Reflexe, die Pawlow an Hunden durchführte: «Sie geben dem Hund Futter oder zeigen es ihm. Auf dieses Futter entsteht eine Reaktion: der Hund strebt zu ihm hin, nimmt es ins Maul, es fließt Speichel usw.» (Normaler Reflex.) «Wir können dieses Futter durch einen beliebigen anderen Reiz ersetzen und damit die gleiche Reaktion, sowohl die motorische als auch die sekretorische, hervorrufen, wenn wir nur diesen Reiz vorher mit der Nahrung zeitlich in Verbindung gebracht haben. Wenn Sie je nach Belieben klingeln, pfeifen, die Hand erheben oder den Hund kraulen und ihm danach sofort Futter geben und das einige Male wiederholen, so werden alle diese Reize dieselbe Nahrungs-Reaktion hervorrufen: das Tier wird zum Reiz hinstreben, es fließt Speichel usw. Es stellt sich derselbe Reflex ein wie früher beim Vorzeigen des Futters.» Damit war ein bedingter Reflex geschaffen.

Nicht nur beim Hund, auch beim Menschen gibt es zwei Arten von Reflexen, die angeborenen und die erworbenen = «bedingten». Pawlow hat nun ein ganzes theoretisches Schema der bedingten Reflexe entwickelt und sie – was uns hier interessiert – je nach der Weise, wie die Individuen die bedingten Reflexe erwarben, vier Temperamenten zugeordnet.

Pawlow unterschied nämlich zwischen zwei Arten von bedingten Reflexen, den positiven und den negativen. «Wenn zum Beispiel ein Ton durch die übliche Prozedur für den Hund zu einem bedingten Nahrungsreiz gemacht wurde, so entsteht damit ein Reflex, bei dem der erzeugte Reiz in der Großhirnrinde einen Erregungsprozeß hervorruft, eine positive Nahrungsreaktion..., die wir als positiv bedingten Reflex bezeichnen. Aber neben diesen positiv bedingten Reflexen gibt es auch negative, solche, die im Zentralnervensystem nicht einen Erregungsprozeß, sondern einen Hemmungsprozeß hervorrufen... Wenn man so vorgeht, daß man noch andere, weit vom ersten Pfeifton entfernte Töne mit Fütterung begleitet, sie dann aber ohne Fütterung anwendet, so verlieren sie allmählich ihre bedingte Reizwirkung. Sie erhalten statt der positiven eine hemmende Wirkung. Sie rufen im Zentralnervensystem einen Hemmungsprozeß hervor. Man kann also durch zeitweilige Agenzien im Zentralnervensystem sowohl Erregungen als auch Hemmungen erzeugen. Auf diesen Vorgängen beruht jede höhere Form der Orientierung. Somit setzt sich aus dem ständigen richtigen Ausbalancieren dieser beiden

Prozesse (Erregung und Hemmung) das normale Leben sowohl des Menschen als auch das des Tieres zusammen.»

Vier nervenbedingte Charaktertypen bei Pawlows Hunden

Und Pawlow fährt fort: «Bei der Ausarbeitung bedingter Reflexe, sowohl positiver als auch negativer, beobachten wir an Hunden darin einen großen Unterschied, wie schnell sich diese Reflexe ausarbeiten lassen, wie stetig sie sind und bis zu welchem Grad sie absolut werden. Bei den einen Tieren ist es sehr leicht, positive Reflexe auszuarbeiten... Demgegenüber gibt es solche Tiere, bei denen sich die positiven Reflexe nur mit großen Schwierigkeiten ausarbeiten lassen... Zwischen diesen Gegensätzen gibt es Hunde, die eine Mittelstellung einnehmen, einen zentralen Typ des Nervensystems. Das sind Tiere, denen sowohl das eine als auch das andere leicht fällt, die gut hemmen und auch gut positive Reflexe bilden können, bei denen beide Arten von Reflexen beständig bleiben...»

Es gibt also drei Typen des Nervensystems beim Hund.

Bleibt hinzuzufügen, daß die Manipulationen im Laboratorium, mit denen man den Hunden bedingte Reflexe beibrachte, von den extremen Gruppen viel schlechter ertragen werden als von den mittleren, ausgeglicheneren Hunden. Nur diese bleiben bei guter Gesundheit. Wird das Verfahren an Hunden des erregbaren Typs angewendet, werden sie entweder sofort oder nach Wiederholungen der Prozedur krank; nur der Erregungsprozeß bleibt bestehen, der Hemmungsprozeß erlischt. «Diesen Zustand nennen wir im Laboratorium Neurasthenie, und diese Erkrankung kann sich beim Hund monatelang hinziehen. Wenn ich dieselbe Prozedur bei Hunden des entgegengesetzten Typs anwende, so wird bei ihnen umgekehrt der Erregungsprozeß schwächer, die Hemmung aber bleibt und herrscht außerordentlich vor. Solche Hunde nennen wir Hysteriker. Daraus folgt und ergibt sich klar, daß drei verschiedene Typen des Nervensystems bestehen: der zentrale, ausgeglichene Typ und zwei extreme, der erregbare und der hemmbare Typ. Demnach arbeiten die beiden Extreme sozusagen vorwiegend mit einer ‹Hälfte› des Nervensystems.»

Wie ist es nun um das Verhalten, die Persönlichkeit dieser verschiedenen Typen von Hund bestellt? «Der erregbare Typus ist in seiner stärksten Ausprägung größtenteils ein Tier von aggressivem Charakter. Wenn zum Beispiel der Besitzer der Hunde, den sie gut kennen und dem sie vollkommen gehorchen, grob mit ihnen umgeht, sie schlägt, können sie ihn beißen, sie können sich nicht beherrschen. Der extrem hemmbare Typ zeigt sich darin, daß es genügt, den Hund anzuschreien, zum Schlag auszuholen, damit er den Schwanz einzieht, sich hinsetzt und sogar Wasser läßt. Das ist das, was man ein ängstliches Tier nennt. Der mittlere Typ aber ist in zwei Formen vertreten, als schwerfälliges ruhiges Tier, das scheinbar alles ignoriert, was ringsum geschieht (wir bezeichnen diese Tiere gewöhnlich als solide), und umgekehrt als im wachen Zustand sehr lebhafte, außerordentlich bewegliche, alles musternde, alles beriechende Tiere.» Es gibt also beim Hund vier mögliche, auf der jeweiligen Disposition des Nervensystems beruhende Charaktere.

Pawlows Typenlehre bei Menschen anwenden?

Kann man das auf den Menschen übertragen? «Warum nicht?» erklärt Pawlow. «Ich denke, daß man es nicht als Beleidigung für den Menschen auffassen kann, wenn sich bei ihm, ähnlich wie bei den Hunden, gemeinsame Grundcharaktere des Nervensystems finden...
Offenbar entsprechen diese Typen dem, was wir beim Menschen als Temperamente bezeichnen. Das Temperament ist die allgemeine Charakterisierung jedes einzelnen Menschen, die grundlegendste Charakterisierung seines Nervensystems, und es gibt der gesamten Tätigkeit jedes Individuums ein ganz bestimmtes Gepräge.»
Hier schlägt Pawlow unerwartet eine Brücke über zweitausend Jahre charakterologischer Beobachtungen hinweg. Er erklärt, daß die oben beschriebenen vier Typen seltsamerweise mit den vier Temperamenten des Hippokrates – cholerisch, melancholisch, sanguinisch und phlegmatisch – übereinstimmen. Damit wird dem Wissen der Antike durch die moderne Forschung eine späte Ehrung zuteil.
«Wenn wir bei der alten Klassifizierung von vier Temperamenten bleiben, so kann man die Übereinstimmung der Versuchsergebnisse an Hunden mit dieser Klassifizierung nicht übersehen. Unser erreg-

barer Typ ist das cholerische, unser hemmbarer das melancholische Temperament. Den zwei Formen des mittleren Typs würden das phlegmatische und sanguinische Temperament entsprechen. Das melancholische Temperament ist sichtlich ein hemmbarer Typ des Nervensystems. Für den Melancholiker wird anscheinend jedes Ereignis des Lebens zu einem hemmenden Agens, da er an gar nichts glaubt, auf gar nichts hofft, in allem nur Schlechtes, nur Gefährliches sieht und erwartet. Der cholerische Typ ist ein klarer, kämpferischer, ein übermütiger, leicht und schnell erregbarer Typ.

In der goldenen Mitte aber stehen das phlegmatische und das sanguinische Temperament. Es sind zwei ausgeglichene und deswegen gesunde, widerstandsfähige und echte, lebenskräftige Nerventypen, wie verschieden, ja sogar entgegengesetzt die Vertreter dieser Typen im Äußeren auch sein mögen. Der Phlegmatiker ist ein ruhiger, immer gleichmäßiger, unentwegter und beharrlicher Arbeiter, der Sanguiniker ein feuriger, sehr produktiver Arbeiter, aber nur dann, wenn er viele und interessante Arbeit hat, das heißt, wenn eine ständige Anregung vorhanden ist. Wenn aber eine solche Arbeit fehlt, wird er gelangweilt, kraftlos, ganz wie unsere sanguinischen Hunde.»

Es ist bemerkenswert, daß Pawlow im Gegensatz zu Hippokrates und den anderen von uns erwähnten «Typologen» ein Werturteil bezüglich der vier Temperamente fällt: Phlegmatiker und Sanguiniker sind nach ihm den anderen beiden überlegen. Das überrascht etwas, und es veranlaßte den bekannten Psychologen Roger Mucchielli in einer diesem Thema gewidmeten kritischen Studie zu der Äußerung, daß Pawlow in seinem Wunsch, wieder zum hippokratischen Schema zurückzufinden, die Existenz einer «authentischen Typologie» verschleiert habe, die sich aus folgenden von ihm selbst entdeckten Eigenschaften unseres Nervensystems aufbauen ließ: 1. die Vorherrschaft des Prozesses der Erregung oder Hemmung im Gehirn eines gegebenen Individuums, 2. die stärkere oder schwächere Elastizität dieses Gehirns beim Wechsel zwischen Erregung und Hemmung.

Aber liegt es wirklich so nahe, vom Hund auszugehen, um Menschenkenntnis zu gewinnen? Diese Frage muß unserer Meinung nach gestellt werden.

Die Hormone

Die Rolle der Hormone ist von der Medizin erst viel später entdeckt worden als die des Nervensystems. Doch haben die Hormone – chemische Substanzen, die von unseren endokrinen Drüsen direkt ins Blut abgesondert werden – einen bedeutenden Einfluß auf unser Gemüt. Wir wollen uns hier auf die Erörterung des Schilddrüsenhormons, der Geschlechtshormone und des von den Nebennieren abgesonderten Adrenalins beschränken.

Verhalten – von Hormonen gesteuert

Der Einfluß dieser Hormone auf die Psyche ist erwiesen. Ein Übermaß oder Mangel an ihnen kann einen bestimmten, genau erkennbaren «Typ» von Verhalten hervorrufen.

Das *Schilddrüsenhormon* wird von der unmittelbar vor dem Kehlkopf und dem obersten Luftröhrenabschnitt gelegenen Schilddrüse abgesondert. Es kontrolliert das emotionelle Gleichgewicht und vor allem die Entwicklung der intellektuellen Aktivität. «Eine Schilddrüsenunterfunktion, wie sie sich im Myxödem äußert, ruft ernste psychische Störungen hervor», heißt es bei Pierre Rey in seinem Buch «Les Hormones», das 1962 in Paris erschien. «Beim Erwachsenen verursacht sie eine Verminderung der geistigen Tätigkeit: Mangel an Konzentration, verlangsamte Reaktion, dazu allgemeine Stumpfheit und Schläfrigkeit; auf die Dauer zieht sie eine ausgeprägte Depression und Melancholie nach sich... Die Schilddrüsenüberfunktion, wie sie sich zum Beispiel in der Basedowschen Krankheit äußert, ruft im Gegensatz dazu eine Übererregung des Nervensystems hervor, was sich in körperlicher wie stimmungsmäßiger Erregung zeigt. Die unter Überfunktion Leidenden sind in ihren Zuneigungen, Wünschen, Gefühlen sehr wechselnd, in ihrem Denken und Handeln sprunghaft und richtungslos.»

Auch wenn sie nicht krankhaft sind, bestimmen Zustände von leichterer Schilddrüsenüberfunktion wie -unterfunktion das Verhalten in typischer Weise. Jeder von uns kennt Leute, deren Schilddrüse etwas zu aktiv ist – sie sind immer in Bewegung, schwatzhaft, «nicht tot zu kriegen» –, oder solche, deren Schilddrüse etwas zu wenig arbeitet, und die deshalb ewig müde und mutlos sind.

Für die Entwicklung von Intelligenz und Charakter spielen die *Geschlechtshormone* eine fundamentale Rolle. Hat beim Mann vor der Pubertät eine Kastration stattgefunden, wird er – ein Eunuch – ängstlich, apathisch, infantil bleiben. Bei männlichen Kindern, die an Hypogonadismus (mangelhafte Entwicklung der männlichen Keimdrüsen, der Hoden) leiden, kann man durch Injektionen von männlichem Geschlechtshormon Aggressivität, Unternehmungsgeist und intellektuelles Interesse mehren. «Zwischen dem Mangel an männlichen Hormonen im Urin eines Erwachsenen und seiner intellektuellen Reife, seinen Verhaltensweisen und sozialen Beziehungen besteht ein klarer Zusammenhang», schreibt Pierre Rey. Beim normalen männlichen Erwachsenen kann man Unterschiede des Verhaltens beobachten, die zum großen Teil mit den wechselnden Ausschüttungen an Geschlechtshormonen zusammenhängen: Liebesbeziehungen, aber auch Initiative, die Fähigkeit zur künstlerischen und wissenschaftlichen Kreativität werden weitgehend von der Funktion der Geschlechtsdrüsen bestimmt.

Bei der Frau verursacht die Periode der Menstruation oft vorübergehende Störungen, die sich verhaltensmäßig auswirken: sie wird reizbar, mutlos, sieht alles schwarz. Das Nachlassen der Funktionen der Geschlechtsdrüsen in den Wechseljahren ruft häufig psychische Störungen hervor, die meist nicht ernst sind, aber in manchen Fällen eine entsprechende Hormon-Behandlung durch den Arzt erforderlich machen. Ähnliche Schwierigkeiten ergeben sich oft nach Entfernung der Eierstöcke bei Frauen im gebärfähigen Alter.

Ein dramatischer Vorfall, zum Beispiel ein Autounfall, dessen Zeuge man wird, ruft im Nervensystem eine Wirkung hervor, die ihrerseits eine Ausschüttung von *Adrenalin* ins Blut auslöst. Das Adrenalin ist es, das uns erröten oder erzittern läßt oder uns das Gefühl vermittelt, als zöge sich uns der Magen zusammen. Furcht, Zorn, Freude, Traurigkeit werden von Adrenalin beeinflußt. So ist zu verstehen, daß man je nach Temperament stabile, kaltblütige Menschen oder solche zu sehen bekommt, die leicht aus der Fassung geraten.

Soweit uns bekannt, hat bisher noch kein Autor systematisch versucht, Menschen nach der verschieden starken Tätigkeit ihrer Hormondrüsen zu klassifizieren. Es scheint sich hier noch ein vielversprechendes Untersuchungsfeld anzubieten: Es könnte sich möglicherweise herausstellen, daß die Konstitutionstypen letzten Endes hormonalen Typen entsprechen.

Die Blutgruppen

Das Blut, heißt es, sei «ein besonderer Saft». Von frühesten Zeiten der Menschheit an wurde es als Träger des Lebens betrachtet.
Im Jahr 1905 entdeckte der Österreicher Karl Landsteiner, daß das Blut der Menschen in vier verschiedenen Hauptformen vorkommt, den Blutgruppen A, B, AB und 0. Die Blutgruppen sind erblich und werden von den Eltern nach den Mendelschen Regeln an die Kinder weitergegeben; sie sind also konstitutionell bedingt. Bei bestimmten wissenschaftlichen Arbeiten stellte sich dann heraus, daß Menschen je nach ihrer Blutgruppe für diese oder jene Erkrankung besonders prädisponiert sind. Läßt sich etwa auch ein Zusammenhang zwischen charakterlicher Veranlagung und Blutgruppe feststellen?
Mit Forschungen dieser Art hat sich die Wissenschaftlerin Léone Bourdel (1907–1966) befaßt. In ihrer psychologischen Praxis beobachtete sie, daß sich die Fülle der Temperamente in vier Typen gruppieren ließ, die sie zu den vier Blutgruppen in Beziehung setzte.

Blutgruppe A = harmonisches Temperament
Etwa 44 % der Deutschen, fast ebensoviel Prozent der Österreicher und Franzosen und 47 % der Schweizer haben die Blutgruppe A. «Der Harmonische», schreibt Léone Bourdel, «zeigt sich in der Anpassung sehr wählerisch. Er empfindet und lebt sein Leben auf der Ebene beständigen Forschens und Suchens, stets im Einklang zu dem, was ihn umgibt, wobei er sich der Verschiedenartigkeit der Umwelt gegenüber höchst sensibel zeigt, als löse jede ihrer Wandlungen in ihm vielfältige Resonanz aus... Es ist der Hypersensible, den An-

passungsschwierigkeiten zu den verschiedensten Reaktionen, sei es Flucht, Revolte oder Zurückziehen-auf-sich-selbst, veranlassen können oder auch, nach den von der Psychoanalyse entdeckten Gesetzen, zu Fehlreaktionen durch Überkompensieren.

Der Harmonische vermag sich nur unter der Bedingung des Bestehens positiver affektiver Bindungen vollständig anzupassen... Unter den Harmonischen begegnet man oft den tiefgründigsten, innerlich reichsten und originellsten Persönlichkeiten, vorausgesetzt, daß die Umwelt sie inspiriert oder stimuliert hat, ohne sie zu zerstören. Doch im Gegensatz dazu findet man hier auch die gehemmtesten, elendesten, armseligsten Geschöpfe, wenn sie mehr Stöße erhalten haben, als ihre Widerstandskraft aushielt...» (L. Bourdel, «Groupes sanguins et Tempéraments», Paris 1960).

Blutgruppe B = rhythmisches Temperament

Dieser Blutgruppe begegnet man bei etwa 11 % der Deutschen und Franzosen, 13 % der Österreicher und 8 % der Schweizer. «Beim Rhythmiker geht die Anpassung am rationellsten, geregeltsten, methodischsten vor sich. Er legt sich alle Erfahrungselemente nach eigenem Rhythmus zu, ohne sich um Umweltreaktionen zu kümmern, ja er versucht sogar, diesen Rhythmus der Umwelt aufzuzwingen, mit der er sich nur dann befaßt, wenn sie sich seinem Verharren im eigenen Rhythmus widersetzt. Der Rhythmiker zerbricht dann das Hindernis oder er zerbricht selbst daran... Er sucht nicht seinen Vorteil, indem er sich mit der Umwelt arrangiert, er geht unbeirrt seinen Weg. Unter den Rhythmischen finden sich die entschlossensten, ausdauerndsten, unbeeinflußbarsten, die kaltblütigen und autoritären Temperamente, bei denen Vernunft und Wille sich automatisch über das Gefühl hinwegsetzen. Prototypen des Rhythmischen sind Militärs, Spezialisten, Experten.»

Blutgruppe AB = komplexes Temperament

Diese Blutgruppe ist recht selten; man trifft sie in der deutschen Bevölkerung bei nur 5 %, bei 3 % der französischen, 6 % der österreichischen, fast 4 % der schweizerischen.

«Hier sind die drei Temperamente, das harmonische, das rhythmische wie auch das melodische, das wir gleich schildern werden, zu gleichen Teilen vertreten, ohne daß eines durch Übergewicht das Gleichgewicht einseitig belastet... Ständig ist der Mensch mit dieser Blutgruppe widersprüchlichen Tendenzen ausgesetzt. Hier finden wir das komplexeste Temperament: labil, sprunghaft, launisch, ist es ein Opfer seiner vielfältigen und gegensätzlichen Möglichkeiten, solange es sich die zur Erhaltung eines Gleichgewichts notwendige dynamische Disziplin nicht angeeignet hat.»

Blutgruppe 0 = melodisches Temperament
Dieser Blutgruppe begegnet man bei 40 % der deutschen, 43 % der französischen, 36 % der österreichischen und 41 % der schweizerischen Bevölkerung. «Beim Melodiker erfolgt die Anpassung am bedingungslosesten und totalsten. Er erlebt und lebt sein Leben als eine fortlaufende Melodie, die sich den verschiedenen Varianten, Vorgängen, Umständen, Wesen und Dingen der Umwelt anpaßt. Er neigt zur spontanen Einordnung in die Umgebung, in der er eben gerade lebt... Auf dieser Ebene der Anpassung ist er offensichtlich besonders begünstigt, da er die Umwelt genügend einfühlsam zu begreifen und sich zugleich mit Leichtigkeit und Zweckmäßigkeit zu dem von ihm verfolgten Ziel hin entsprechend den sich bietenden Möglichkeiten zu entwickeln versteht... Die Melodiker zeigen sich daher am ehesten als Opportunisten, sind stets ‹in›, gehen mit der Mode, pflegen den richtigen Umgang, sind überall dabei und zu Hause. Sie sind denn auch selten originell oder irgendwie extrem. Prototypen des Melodikers sind der Kaufmann und der Diplomat.»
Zudem beschreibt Léone Bourdel auch gemischte Temperamente, bei denen sich Eigenarten der «reinen» Typen miteinander verbinden. Ihre Beobachtungen können unmittelbar praktisch angewendet werden. Heute kennt ja fast jeder seine Blutgruppe. «Nenne mir deine Blutgruppe, und ich sage dir, wer du bist», könnte man als Motto für diese Methode wählen, die sich besonders bei der Berufswahl als nützlich anbietet. Menschen, die zur Forschung oder zu schöpferischer Arbeit neigen oder dafür begabt sind, dürften Angehörige der

Blutgruppe A sein; Leute dagegen, die sich zu Berufen hingezogen fühlen, bei denen es auf hervorragende Anpassung und viel gesellschaftliche Kontakte ankommt, dürften eher zur Blutgruppe 0 gehören.

In den letzten Jahrzehnten haben die Hämatologen noch andere, «sekundäre» Blutgruppen festgestellt. Es könnte interessant sein, die Forschungen von Léone Bourdel fortzusetzen, indem man die von ihr ermittelten Temperamente noch zu differenzieren versucht. Denn es ist natürlich für die Theorie wie für die Praxis etwas störend, daß die vier Temperamente in so unterschiedlicher Häufigkeit in der Bevölkerung vertreten sind. Es wäre interessant, wenn man durch genaue Untersuchungen beweisen könnte, daß beispielsweise bei den Franzosen wirklich 43 % ein harmonisches Temperament und 11 % ein rhythmisches Temperament haben. Erst dann wäre ein Zusammenhang zwischen Blutgruppe und Charakter klar erwiesen. Es bliebe dann allerdings noch zu erklären, wie und warum die verschiedenen Blutgruppen mit bestimmten charakterlichen Tendenzen einhergehen. Wer weiß, vielleicht ist die Blutgruppe nur ein Signal eines tieferliegenden physiologischen Erbfaktors, der noch zu entdecken wäre.

Der siebente Schleier: Das Unbewußte

Nun kommen wir zu Typologien, die sich mit dem Unbewußten befassen, bei denen sich die charakteristischen Merkmale nicht im Körper des Menschen ausprägen, sondern in seinem Geist. Sie rühren nicht aus der temperamentmäßigen Veranlagung des Individuums her, sondern aus seiner Geschichte.

Jeder der drei Großen der Tiefenpsychologie hat eine eigene Typologie des Unbewußten ausgearbeitet. Wir wollen sie uns kurz ansehen.

Freud und seine psychosexuellen Typen

Das sehr komplexe theoretische Gebäude von Freuds Psychoanalyse führt zu mehr als einem charakterologischen Zugangsweg. Der eine ist z. B. in erster Linie eine dynamische Beschreibung der Entwicklung des Charakters, der andere gilt dem Aufspüren von im inneren Aufbau begründeten, dauerhafteren Elementen im Unterbewußtsein. Bei Freud schließen sich diese beiden Klassifikationen keineswegs aus, vielmehr ergänzen sie sich, weil jede auf eine andere Weise Licht in unsere Psyche bringt.

Die sexuellen Phasen der ersten Lebensjahre

Versuchen wir, extrem zu vereinfachen. Psychoanalytische Beobachtung führte den Wiener Arzt Sigmund Freud (1856–1939) zu der Erkenntnis, daß unser Sexualleben bereits in der Kindheit drei Phasen durchläuft: die *orale* Phase, in der sich alle Lust des Säuglings auf das Trinken und Saugen konzentriert; die *anale* Phase (vom zweiten Lebensjahr an), in der die Erziehung zur Sauberkeit im Mittelpunkt steht, die Beherrschung der Ausscheidungsorgane, damit sie so funk-

1 Dynamisch

1. Jahr	2. Jahr	3. Jahr
Fixierung = an Aktivität interessiert	Fixierung = interessiert an	Fixierung = gebieterisches Verlangen, geliebt zu werden
	Zurück-halten Aus-stoßen	

orale Phase   anale Phase   genitale Phase

zurück-gehalten   ausge-stoßen

2 Strukturell

Dominante Funktionen	Psychosexuelle Typen
Über-Ich	Zwangstypus, von selbstauferlegten moralischen Verboten bestimmt
Ich	Narzißtischer Typ, vom Interesse an der sich selbst beigemessenen Bedeutung bestimmt
Es	Erotischer Typ, vom Lustprinzip bestimmt

tionieren, daß die auf Sauberkeit dringende Mutter zufrieden ist; und schließlich, etwa gegen das dritte Lebensjahr hin, tritt das Kind in die *genitale* Phase ein. Es entdeckt sein Geschlecht, zeigt eine gewisse Neugier für diese Körperregion, was gewöhnlich mit ersten Stimulierungen auch in Form von Masturbation verbunden ist.

In einer Phase steckenbleiben = Fixierung

Diese drei Entwicklungsphasen während der ersten Lebensjahre sind nach Freud für die Entwicklung der Persönlichkeit von überragender Bedeutung. Die in diesem Alter noch mehr oder weniger verschwommene Sexualität spielt für die psychische Entwicklung eine umfassende Rolle. Das Durchlaufen der drei Phasen kann man mit einem Hindernisrennen vergleichen. Vermag ein Läufer eines der

Hindernisse nicht zu überwinden, kann er nicht mehr weiter. Ebenso tritt, wenn das Kind aus dem einen oder anderen Grund (traumatische Erlebnisse oder Frustration) den normalen Übergang zur nächsten Phase nicht zu vollziehen vermag, eine sogenannte «Fixierung» auf die erreichte Phase ein. Eine solche «Fixierung» auf eine der Phasen hat später Folgen charakterlicher Art.

Auf die orale Phase fixiert: Beim Erwachsenen werden die übersteigerte Vorliebe für gutes Essen und Trinken, im erweiterten Sinn auch Habsucht oder Raffgier das Verhalten bestimmen.

Auf die anale Phase fixiert: Der Erwachsene kann zwei entgegengesetzte Charaktertypen entwickeln, je nachdem er im Kindesalter beim Zurückhalten oder beim Ausstoßen seiner Exkremente Lustgefühle empfand. E. Jones, Freudschüler und -mitarbeiter, skizziert das Wesen der in der einen oder anderen Variante auf die anale Phase Fixierten folgendermaßen:

– *Zurückhalten:* Das Kind, das den Akt der Defäkation mit Lustgewinn verzögert, wird später die Tendenz zeigen, Entscheidungen vor sich her zu schieben. Es kann sparsam bis geizig werden oder Sammelleidenschaft entwickeln. Beim Erwachsenen kann sich die Ordnungsliebe bis zum Exzeß steigern; Unordnung, abgestoßenes Geschirr zum Beispiel, werden ihm zuwider sein. Auf intellektuellem Gebiet wird er einen guten Schulmeister oder gar Gelehrten abgeben oder sich zum Pedanten entwickeln. Er bringt viel Konzentration und Ausdauer mit, da er vom Wunsch nach absoluter Vollkommenheit beherrscht ist. Er wird Reinlichkeit lieben, was sich bei Frauen bis zum Typus des Putzteufels steigern kann...

– *Ausstoßen:* Das Kind, das in der analen Phase seine Exkremente mit Lustgewinn ausstößt, wird sich dagegen als Erwachsener großzügig bis zur Extravaganz zeigen. Es wird gern herumschmieren, gern malen, könnte später Drucker oder Töpfer werden. Auch der Erwachsene wird viel schmutzig machen, in einer gewissen Unordnung leben. Jedoch wird er gern schenken, eine Eigenschaft, die sich bis zu kreativer Tätigkeit steigern kann...

Auf die genitale Phase fixiert: Das Kind wird später den starken Wunsch zeigen, geliebt zu werden, was in Tyrannei ausarten kann.

Es wird sich sehr für die eigene Person interessieren, was sich bis zum Narzißmus zu steigern vermag.

Das Es, das Ich und das Über-Ich

Außer dieser Einteilung nach seelischen Entwicklungsphasen hat Freud eine weitere vorgeschlagen, bei der er von drei beim Einzelnen jeweils mehr oder weniger stark ausgeprägten Bereichen der Psyche ausgeht: Es, Ich und Über-Ich. Das «Es» bezeichnet den Teil der Psyche, aus dem die von unseren Triebansprüchen herrührenden primitiven Impulse kommen. Das «Ich» verbindet diese Region des Unterbewußtseins mit der Außenwelt und zielt darauf ab, eine Vermittlerstelle zwischen Es und Über-Ich einzunehmen, während das «Über-Ich» all das in sich begreift, was das Individuum an sozialen Zwängen erlernt.

Je nachdem, auf welchen dieser drei Bereiche der Seele die Libido – so nennt Freud die Gesamtheit unserer psychosexuellen Energien – gerichtet ist, lassen sich drei libidinöse Haupttypen unterscheiden (Sigmund Freud, Ges. Werke, Bd. XIV, London 1949, «Über libidinöse Typen»).

Der erotische Typus: Bei ihm dominiert das Es und sein Triebanspruch. Sein Leben wird vom Lustprinzip regiert. Dieser Mensch will lieben und geliebt werden. Aus diesem Wunsch geht die Angst vor dem Liebesverlust hervor, was ihn von der Umwelt besonders abhängig macht, die ihm die Liebe versagen könnte.

Der Zwangstypus: Er zeichnet sich durch die Vorherrschaft des Über-Ich aus. Dieser Typ wird von Gewissensangst geplagt; er richtet sein Verhalten nach dem, was man in der Psychoanalyse unter den «höheren moralischen Instanzen» versteht. Er ist von seiner Umwelt weniger abhängig, läßt sich jedoch von inneren moralischen Verboten einschränken, die er sich selbst auferlegt hat.

Der narzißtische Typus: Sein Hauptinteresse ist auf die Selbsterhaltung gerichtet, das heißt auf die eigene Person. Dieser Typus leidet viel weniger unter sozialen Zwängen, da er weder gegen übermächtige Triebe noch gegen innere Verbote und rigorose Tabus anzukämpfen hat. Er wird im Leben tüchtig und tätig sein; auch ist dieser Typus geeignet, die Rolle des Führenden zu übernehmen, da er sich durchsetzen kann. Bisweilen erlangt das Ich trotzdem ein zu großes Übergewicht; solche Individuen beziehen alles nur auf sich; sie erweisen sich als egozentrisch, ja manchmal geradezu als räuberisch. Es versteht sich, wie Freud betont, daß reine Typen dieser Arten selten vorkommen; meist hat man es mit gemischten, nuancierteren Typen zu tun, die Eigenschaften von mehr als einem Typ in sich vereinen. So trifft man natürlich auch erotisch-narzißtische, erotisch-zwanghafte und narzißtische Zwangstypen an.

Die von Freud beschriebenen Typen, das sei noch einmal betont, beruhen nicht auf dem Körperbau, sondern auf psychischen Faktoren. Sie sind daher wandelbar, wogegen es bis zur heutigen Stunde noch nicht gelungen ist, den Körperbau eines Menschen – der ja an seine Chromosomen gebunden ist – zu ändern. Die Tiefenpsychologie erhebt den Anspruch, durch psychoanalytische Behandlung nicht nur die «Fixierung» eines Individuums aufdecken zu können, sondern auch imstande zu sein, zu stark abweichende psychosexuelle Typen durch das Wieder-Bewußtmachen ihrer verdrängten Kindheitserinnerungen zu normalisieren.

Alfred Adler und die Minderwertigkeitskomplexe

Eine Klassifikation ganz anderer Art hält Alfred Adler (1870–1937, Schüler von Freud) mit seiner Individualpsychologie für uns bereit. Auch Adler ist der Ansicht, daß das Verhalten des Menschen auf unbewußten Motiven beruht. Doch wird das Unbewußte, das uns «am Bändel hält», nicht allein vom Sexuellen bestimmt – im Gegenteil. Bei Adler haben zwei Erlebnisgruppen Gewicht, die unser Lebensgefühl sowie die Entwicklung unseres Charakters entscheidend beeinflussen: es sind dies die Erziehung und die Organminderwertigkeiten. Nur ganz selten hat der Mensch eine vollkommen befriedigende Auffassung vom «Sinn» des Lebens. So wird er im allgemeinen zum einen oder anderen der beiden entgegengesetzten Pole neigen: zum Minderwertigkeitskomplex oder aber zum Überlegenheitskomplex.

Wie entstehen Minderwertigkeitsgefühle?

Adler unterscheidet zwei Hauptursachen:

● *1. Falsche Erziehung*

Das verwöhnte Kind: Ein Kind kann von seinen Eltern, die ihm alle Wünsche erfüllen, zuviel Zuwendung und Aufmerksamkeit erfahren. Das verwöhnte Kind ist häufig, doch nicht immer, ein Einzelkind. Sein Lebensgefühl wird verbogen: es hält sich für den Mittelpunkt der Welt. Schon bei den ersten Kontakten mit der Welt außerhalb des Elternhauses wird das verwöhnte Kind mit der rauhen Wirklichkeit in Konflikt geraten. Das kann dazu führen, daß es sich unter dem Gefühl des Fehlschlags Fluchthaltungen zulegt oder einen Minderwertigkeitskomplex entwickelt.

Das vernachlässigte Kind: Auch durch den Mangel an Zuwendung kann ein Kind Schaden leiden. Das vernachlässigte Kind wird diesen Mangel später durch aggressives Verhalten zu kompensieren suchen oder auch eine entgegengesetzte Haltung an den Tag legen, nämlich apathisch und gleichgültig sein.

● *2. Organminderwertigkeiten*

Diese haben nach Adler ebenfalls Einfluß auf die Entwicklung des Charakters. Das mit körperlichen Mängeln behaftete, das kranke oder einfach schwächliche Kind wird unter dem Gespött seiner Umwelt zu leiden haben. Es wird unbewußt bestrebt sein, diese körperlichen Mängel zu kompensieren, was ihm bei genügender Begabung durch künstlerische oder intellektuelle Leistungen gelingen mag. So wird ein zartes, von seinen Kameraden vielleicht herumgestoßenes Kind diese dann mit Verachtung strafen, wenn es ihm durch unablässigen Fleiß gelungen ist, die besten Noten zu bekommen. Woraus man sieht, wie aus einem Gefühl der Minderwertigkeit ein Überlegenheitskomplex hervorgehen kann.

Häufig, sagt Adler, besteht eine Organminderwertigkeit in Wirklichkeit nicht. Doch das Kind und später der Erwachsene hält sie für wirklich und entwickelt das entsprechende Verhalten – Flucht oder Aggressivität. Fraglos sind wir alle von unserer Erziehung oder von unserer physischen Erscheinung geprägt. Indes braucht nicht jeder Mensch einem Minderwertigkeitskomplex unterworfen zu sein. Die

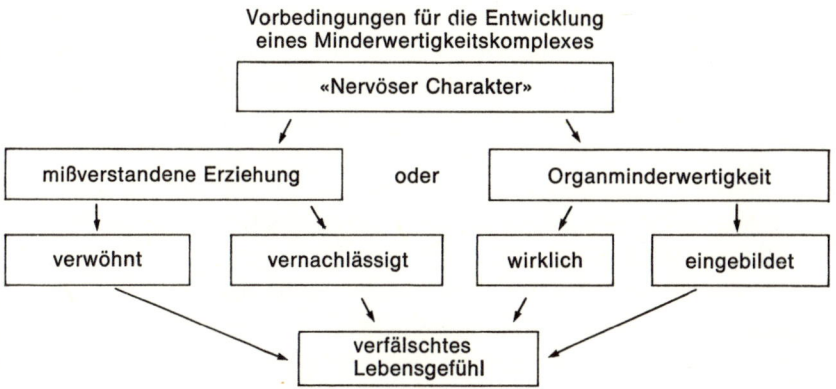

meisten von uns «liquidieren» ihn, mehr oder weniger restlos, meist dadurch, daß wir uns sozial besser integrieren. Wo das nicht gelingt, liegt nach Adler eine besondere psychische Veranlagung vor: der Betreffende hat einen «nervösen Charakter».

Extraversion und Introversion nach Jung

Diese dritte charakterologische Tafel des tiefenpsychologischen Triptychons ist fraglos die bekannteste. Die Einteilung der Menschen in extravertierte und introvertierte ist längst in unseren Sprachgebrauch eingegangen, wodurch diese Begriffe übrigens verwässert wurden. Es ist also nicht überflüssig, die Gedanken C.G. Jungs in dieser Hinsicht hier einmal zu präzisieren.

Carl Gustav Jung (1875–1961, ebenfalls Schüler von Freud) zeigt, daß beide Einstellungen, die extra- wie die introvertierte, auf dem Konflikt zwischen unbewußten und bewußten Strebungen des Menschen beruhen.

Der extravertierte Typus

«Wenn einer so denkt, fühlt und handelt, mit einem Wort, so lebt, wie es den objektiven Verhältnissen und ihren Anforderungen unmittelbar entspricht, im guten wie im schlechten Sinne, so ist er extravertiert», schreibt Jung. «... Sein ganzes Bewußtsein blickt nach außen, weil ihm die wichtige und ausschlaggebende Determination immer von außen zukommt. Sie kommt ihm aber so zu, weil er sie von dort erwartet... Es sind nicht nur die Personen, sondern auch die Dinge, welche das Interesse fesseln. Dementsprechend richtet sich auch das Handeln nach den Einflüssen von Personen und Dingen... Seine Normalität verdankt der extravertierte Typus einerseits dem Umstande, daß er den gegebenen Verhältnissen relativ reibungslos eingepaßt ist und natürlicherweise keine anderen Ansprüche hat, als die objektiv gegebenen Möglichkeiten auszufüllen, also z. B. den Beruf zu ergreifen, der an dieser Stelle und zu dieser Zeit aussichtsreiche Möglichkeiten bietet, oder gerade das zu tun oder zu verfertigen, wessen die Umgebung momentan bedarf, und was sie von ihm erwartet...»

Ist aber der rein Extravertierte tatsächlich gut angepaßt an die Welt? Nicht unbedingt. Bestenfalls ist er ihr eingepaßt. Eine zu starke Hinwendung zum Äußeren, zum Objekt ist nicht ohne Gefahr: Der Mensch denkt nur an die äußeren Erfordernisse und vernachlässigt die Ansprüche seines Inneren. Dies kann zu nervösen Störungen führen. Jung gibt (in seinem Werk «Psychologische Typen», Zürich 1921) dafür ein Beispiel an: «Bei einem Sänger, dessen Ruhm rasch eine gefährliche Höhe erreicht, die ihn zu unverhältnismäßigen Energieausgaben verführt, versagen aus nervöser Hemmung plötzlich die hohen Töne.»

Als Arzt hat Jung versucht, die unter Extravertierten häufigste Neurose – sprich psychische Störung – ausfindig zu machen, und hat festgestellt, daß es die Hysterie ist: «... Ein Grundzug des hysterischen Wesens ist die beständige Tendenz, sich interessant zu machen und bei der Umgebung Eindrücke hervorzurufen. Ein Korrelat dazu ist die sprichwörtliche Suggestibilität, die Beeinflußbarkeit durch andere Personen.»

Ausschließlich der Außenwelt zugeneigt zu sein heißt nach Jung «eine Menge subjektiver Regungen, Meinungen, Wünsche und Notwendigkeiten» zu vergewaltigen und jener Energie zu berauben, «die ihnen natürlicherweise zukommen sollte... Diese Tendenzen (Gedanken, Wünsche, Affekte, Bedürfnisse, Gefühle usw.) nehmen entsprechend dem Grade ihrer Verdrängung regressiven Charakter an, d. h. sie werden, je weniger sie» (bewußt) «anerkannt sind, desto infantiler...» – «Aus dieser ganz allgemeinen Überlegung ist es leicht verständlich, weshalb die unbewußten Ansprüche des extravertierten Typus einen eigentlich primitiven und infantilen, selbstischen Charakter haben.» Bisweilen drängen sich die Ansprüche des Unbewußten dem bewußten Handeln bis zu einem zerstörerischen Punkt auf, dergestalt, «daß die Leute entweder nicht mehr wissen, was sie eigentlich wollen, zu nichts mehr Lust haben, oder zu viel auf einmal wollen, und zu viel Lust haben, aber zu unmöglichen Dingen».

Welche zerstörerische Rolle das zu sehr vernachlässigte Unbewußte im Leben eines Extravertierten spielen kann, zeigt Jung an einem weiteren Beispiel: «So hatte sich z. B. ein Buchdrucker in zwei Jahrzehnte langer harter Arbeit vom bloßen Angestellten zum selbständigen Besitzer eines sehr ansehnlichen Geschäftes emporgearbeitet. Das Geschäft dehnte sich immer mehr und mehr aus, und er geriet mehr und mehr hinein, indem er allmählich alle seine Nebeninteressen darin aufgehen ließ. Dadurch wurde er aufgeschluckt, und dies gereichte ihm in folgender Weise zum Verderben: Unbewußt wurden zur Kompensation seiner ausschließlichen Geschäftsinteressen gewisse Erinnerungen aus seiner Kindheit lebendig. Damals hatte er nämlich eine große Freude am Malen und Zeichnen. Anstatt daß er nun diese Fähigkeit als balancierende Nebenbeschäftigung an und für sich aufgenommen hätte, kanalisierte er sie in sein Geschäft und begann von einer ‹künstlerischen› Ausgestaltung seiner Produkte zu phantasieren. Unglücklicherweise wurden die Phantasien Wirklichkeit: er begann tatsächlich nach seinem eigenen primitiven und infantilen Geschmack zu produzieren, mit dem Erfolg, daß nach wenigen Jahren sein Geschäft zugrunde gerichtet war. Er hat nach einem unserer ‹Kulturideale› gehandelt, wonach der tatkräftige Mann alles auf den einen Endzweck konzentrieren muß. Er ging aber zu weit und verfiel der Macht subjektiver, infantiler Ansprüche.»

Der introvertierte Typus

Dieser unterscheidet sich vom extravertierten dadurch, daß er sich nicht wie jener vorwiegend am Objekt und am objektiv Gegebenen orientiert, sondern vor allem an seinem subjektiven Eindruck. «Beim Introvertierten schiebt sich zwischen die Wahrnehmung des Objektes und sein eigenes Handeln eine subjektive Ansicht ein, welche verhindert, daß das Handeln einen dem objektiv Gegebenen entsprechenden Charakter annimmt. Die habituelle Reaktion des Introvertierten besteht in einem Innehalten, in Kritik, im Zurückziehen in das Reservat des Ich. Der eine bewundert den neuen Tenor, weil alle Welt ihn bewundert, der andere bewundert ihn nicht, nicht etwa darum, weil er ihm mißfiele, sondern weil er der Ansicht ist, was alle bewunderten, brauche noch lange nicht bewundernswert zu sein.» Diese kritische Einstellung läßt den Introvertierten zunächst wenig einnehmend erscheinen. Wer kennt nicht jene verschlossenen, schwer zu durchschauenden, oft scheuen Naturen, die zu den offenen (extravertierten) Charakteren in so starkem Kontrast stehen?

Beim Introvertierten kommt das Subjektive durchaus zur Geltung, das Objekt hingegen erhält nicht die Bedeutung, die ihm zukommen sollte. Der gleiche Mechanismus des Unbewußten, der beim Extravertierten beschrieben wurde, ist auch beim Introvertierten im Spiel, aber im umgekehrten Sinn. Das Objekt, ins Unbewußte zurückgedrängt, wird sich in der Tiefe des Verlieses, in das man es stieß, zur Wehr setzen. «Es ist dann, wie wenn das Objekt magische Gewalt besäße. Fremde, neue Objekte erregen Furcht und Mißtrauen, wie wenn sie unbekannte Gefahren bärgen, althergebrachte Objekte sind wie mit unsichtbaren Fäden an seine Seele gehängt, jede Veränderung erscheint störend, wenn nicht geradezu gefährlich, denn sie scheint eine magische Belebtheit des Objektes zu bedeuten. Eine einsame Insel, wo sich nur das bewegt, dem man sich zu bewegen erlaubt, wird zum Ideal.» Die für den Introvertierten typische psychische Störung ist nicht die Hysterie, sondern die Psychasthenie, eine Krankheit, die einerseits durch eine große Empfindlichkeit, andererseits durch große Erschöpfbarkeit und chronische Ermüdung gekennzeichnet ist. Es ist in der Tat erschöpfend, fortgesetzt zu versuchen, sich angesichts einer äußeren Welt, die als beständige Bedrohung empfunden wird, eine möglichst sichere Position zu schaffen.

Für Jung sind diese Typen universell, das heißt, man findet Introvertierte und Extravertierte bei Männern wie bei Frauen, bei Arbeitern wie bei Geistesarbeitern, bei jungen Leuten wie bei älteren. In allen Epochen hat es Introvertierte und Extravertierte gegeben, und Jung meint, daß die Unterschiede in den menschlichen Ansichten, die ideologischen Diskussionen, die große Geister im Lauf der Jahrhunderte zu Gegnern machten, ihren Ursprung in der Verschiedenheit dieser Einstellungstypen haben.

Kritik an Jungs Klassifikation

Die vorangegangene Beschreibung bezieht sich lediglich auf «reine» Typen, die in der Bevölkerung extrem selten vertreten sind. Daß die Masse der Bevölkerung überwiegend aus «gemischten» Typen besteht, mindert aber nicht den theoretischen Wert von Jungs Klassifikation – er hat übrigens niemals bestritten, daß seine Beschreibungen immer den «reinen» Typ betrafen. Zudem vergißt man zu oft, daß er sich nicht auf die Klassifikation dieser beiden wohlbekannten Kategorien beschränkt hat. Der Einteilung in introvertierte und extravertierte Einstellungstypen gliederte er noch eine weitere Aufteilung in vier Funktionstypen an.

Die Funktionstypen

Es gibt nach Jung vier psychologische Grundfunktionen: Denken, Fühlen, Empfinden und Intuition. In jedem Menschen herrscht eine dieser Funktionen mehr oder weniger gegenüber den anderen vor. Unter psychologischer Funktion versteht Jung «eine gewisse, unter verschiedenen Umständen sich prinzipiell gleichbleibende psychische Tätigkeitsform».

Jolande Jacobi gibt (in «Die Psychologie von C. G. Jung», Zürich 1972) etwa folgende Darstellung der vier psychischen Funktionen nach Jung: *Denken* ist jene Funktion, welche vermittels einer intellektuellen Arbeit zum Erkennen begrifflicher Zusammenhänge und durch logische Folgerungen zum Verstehen der Gegebenheiten der Welt und zur Anpassung an sie zu gelangen sucht. Als Gegensatz dazu werden diese Gegebenheiten durch die Funktion des *Fühlens* aufgrund einer Bewertung durch die Begriffe ‹angenehm oder unangenehm› bzw. ‹annehmen oder abwehren› erfaßt. Beide Funktionen werden (bei Jung) als *rational* bezeichnet, weil beide mit *Wertungen* arbeiten: das Denken wertet durch die Vermittlung der Erkenntnis vom Standpunkt ‹wahr – falsch›, das Fühlen durch die Vermittlung der Emotionen vom Standpunkt ‹Lust – Unlust›. Diese zwei Grundhaltungen schließen einander als gleichzeitige Verhaltensweisen aus...

Die anderen zwei Funktionen, *Empfindung* und *Intuition,* nennt Jung die *irrationalen* Funktionen, weil sie, nicht mit Urteilen, sondern mit bloßen Wahrnehmungen, ohne Bewertung oder Sinnverleihung arbeiten. Die *Empfindung* nimmt die Dinge wahr, so wie sie sind, und nicht anders. Sie ist der Sinn für die Realität par excellence... Die *Intuition* nimmt ebenfalls «wahr», doch weniger durch den bewußten Sinnesapparat als durch die Fähigkeit einer unbewußten «inneren Wahrnehmung» der Möglichkeiten, die in den Dingen liegen. Der Empfindungstypus z. B. wird sich eine geschichtliche Begebenheit in allen Einzelheiten merken, die Zusammenhänge jedoch, in die sie eingebaut ist, nicht beachten. Der Intuitive hingegen wird an den Einzelheiten achtlos vorübergehen, aber den inneren Sinn des Geschehens, seine möglichen Zusammenhänge und Auswirkungen ohne Mühe sofort wahrnehmen.

Auch hier sind die reinen Typen selten, dafür besteht eine große Mannigfaltigkeit an gemischten Typen.

Die acht Typen Jungs

Da Jung zwei Einstellungstypen und vier psychologische Grundfunktionen unterscheidet, sehen wir uns schließlich insgesamt acht psychologischen Typen gegenüber: dem extravertierten und dem introvertierten Denktypus, dem extravertierten und dem introvertierten Fühltypus und so fort (s. grafische Darstellung S. 95). In seinem bereits zitierten Werk hat Jung diese acht Typen eingehend geschil-

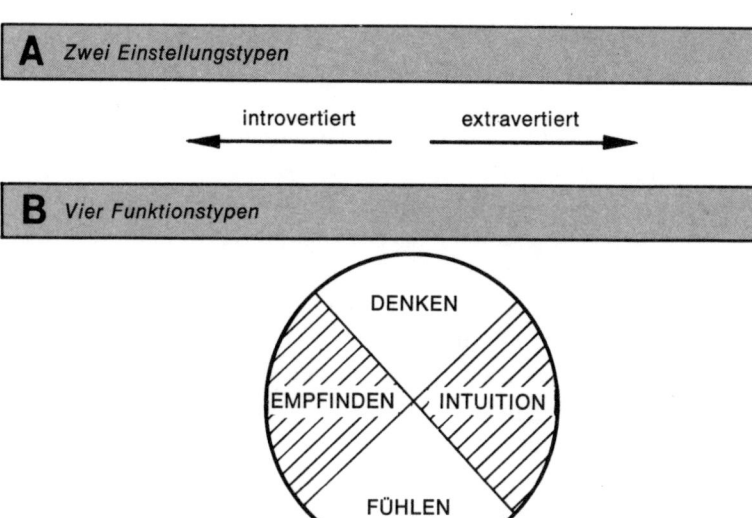

introvertiert   extravertiert

DENKEN

EMPFINDEN   INTUITION

FÜHLEN

extravertierter Denktypus	introvertierter Denktypus
extravertierter Fühltypus	introvertierter Fühltypus
extravertierter Empfindungstypus	introvertierter Empfindungstypus
extravertierter intuitiver Typus	introvertierter intuitiver Typus

Grafische Darstellung der Typologie C. G. Jungs.

dert. Wir aber werden uns auf zwei Beispiele beschränken, um darzustellen, wie Jung Einstellungstypologie und Funktionstypologie miteinander verbindet.

Der extravertierte Denktypus: «Dieser wird... ein Mensch sein, der das Bestreben hat – natürlich nur, insofern er ein reiner Typus ist –, seine gesamte Lebensäußerung in die Abhängigkeit von intellektuellen Schlüssen zu bringen, die sich in letzter Linie stets am objektiv Gegebenen, entweder an objektiven Tatsachen oder allgemein gültigen Ideen orientieren. Dieser Typus verleiht nicht nur sich selber, sondern auch seiner Umgebung gegenüber der objektiven Tatsächlichkeit, respektive ihrer objektiv orientierten intellektuellen Formel die ausschlaggebende Macht. An dieser Formel wird Gutes und Böses gemessen, wird Schön und Häßlich bestimmt. Richtig ist alles, was dieser Formel entspricht, unrichtig, was ihr widerspricht... Der extravertierte Denktypus ordnet alles seiner Formel unter: Ist die Formel aber weit genug, so kann dieser Typus als Reformator, als öffentlicher Ankläger und Gewissensreiniger oder Propagator wichtiger Neuerungen eine dem sozialen Leben äußerst nützliche Rolle spielen. Je enger aber die Formel ist, desto mehr wird dieser Typus zum Nörgler, Vernünftler und selbstgerechten Kritiker, der sich und andere in ein Schema pressen möchte... Es gibt in der Wissenschaft mehrere peinliche Beispiele, wo hochverdiente Forscher aus tiefster Überzeugung von der Wahrheit und Allgemeingültigkeit ihrer Formel Fälschungen von Belegen zugunsten ihres Ideales begangen haben. Dies nach der Formel: Der Zweck heiligt die Mittel.»

Der introvertierte Denktypus: «Er ist, wie sein extravertierter Parallelfall, ausschlaggebend beeinflußt von Ideen, die aber hier nicht dem objektiv Gegebenen, sondern der subjektiven Grundlage entspringen. Er wird, wie der Extravertierte, seinen Ideen folgen, aber in umgekehrter Richtung, nicht nach außen, sondern nach innen. Er strebt nach Vertiefung und nicht nach Verbreiterung... Diesem Typus fehlt es an praktischem Sinn. Er läßt sich ungern zu dem Versuch herab, andere zu überzeugen, da er sicher ist, recht zu haben. Für den Fernerstehenden scheint er borstig,... je näher man ihn kennt, desto günstiger wird das Urteil über ihn, und die Nächsten wissen ihn aufs höchste zu schätzen. Oft fühlt er sich zum Lehrberuf hingezogen, da er der Schulung des Intellekts große Bedeutung beimißt. Doch ist er ein schlechter Lehrer. Gelehrt gewiß, doch mehr auf die Entwicklung von Theorien bedacht als darauf, sich auf das Niveau seiner Hörer einzustellen, sie zu interessieren und sie zu verstehen.»

Wie die Beispiele zeigen, ist Jungs Typologie reich an feinen psychologischen Differenzierungen. Seine Schilderungen sind so lebendig, daß man die Personen eines Romans vor sich zu haben glaubt. Verfechter eines streng wissenschaftlichen Vorgehens in der Charakterologie machen ihm dies zum Vorwurf. Warum hält Jung gerade diese vier Funktionen für Grundfunktionen unserer Psyche? Er gibt dafür keine Erklärung, sondern stellt nur fest, diese Konzeption sei das Ergebnis langjähriger Erfahrungen.

Zweiter Teil

Drei Wege zur Menschenkenntnis

Bisher haben wir den Menschen in seiner natürlichen Umwelt betrachtet. Wir können ihn – beinahe – auch im Laboratorium studieren. Der bekannteste der empirischen traditionellen Wege hierzu ist die Graphologie, die heute die Tendenz zeigt, sich zur Graphometrie zu entwickeln. Darüber hinaus gibt es die Methode des «Fragebogens»: Zahlreiche Spezialisten, amerikanische wie europäische, haben sogenannte Persönlichkeits-Fragebogen erarbeitet, aufgrund derer man regelrechte psychologische «Kennkarten» ausstellen kann. Schließlich gibt es noch das psychologische «Röntgenbild», das man aufgrund der Projektions-Tests gewinnt, die den relativ objektivsten Blick auf subjektive Realitäten ermöglichen.

Haben Sie graphologische Intuition?

Die sechs Schriftmuster, die Sie hier sehen, stammen von sechs Amerikanern. Sie wurden zur Teilnahme an diesem Versuch beigezogen, weil ihre Interessen stark ausgeprägt und ihre wahren Neigungen durch eine lange Reihe psychologischer Untersuchungsmethoden festgestellt worden waren.

Es befindet sich unter den sechs Schreibern
- ein abstrakt theoretischer Denker,
- ein wirtschaftlich-kaufmännisch Tätiger,
- ein Ästhet,
- ein an sozialen Fragen Interessierter,
- ein Politiker,
- ein Theologe.

Welche Schriftprobe stammt von wem? Versuchen Sie, die Schriftproben den richtigen Urhebern zuzuordnen, und vergleichen Sie danach Ihr Resultat mit der untenstehenden Lösung.

Dieses kleine Quiz will nicht mehr als Ihnen zeigen, daß Graphologie keineswegs so einfach ist, wie manche leichthin meinen. Vielleicht sehen Sie sich diese Schriftproben nochmals an, nachdem Sie das nun folgende Kapitel gelesen und allerhand über die Regeln der Graphologie gelernt haben – Wissen ist auch hier, wie so oft, nützlicher als nur tastende Intuition.

100

A I am somewhat interested in the claim that there are certain characteristics disclosed in the natural handwriting of a person.

B I am somewhat interested in the claim that there are certain characteristics disclosed in the natural handwriting

C I am somewhat interested in the claim that there are certain characteristics disclosed in the natural handwriting of a person.

D I am somewhat interested in the claim that there are certain characteristics disclosed in the natural handwriting of a person.

E I am somewhat interested in the claim that there are certain characteristics disclosed in the natural handwriting of a

F I am somewhat interested in the claim that there are certain characteristics disclosed in the natural handwriting of a person.

A = Ästhet
B = Politiker
C = Wirtschaftler
D = Theologe
E = Theoretiker
F = Sozialarbeiter

Der erste Weg:
Die Graphologie

Von Gertrud Zwingli-Häusermann, Degersheim (CH)

Jede Handschrift ist einmalig; sie offenbart uns etwas vom Wesen und Charakter des Mitmenschen. Sie ist ein Spiegel der inneren Persönlichkeit.

Wie die Graphologie entstand

In Europa sind offenbar die ersten Versuche zur Deutung der Handschrift erst anfangs des 17. Jahrhunderts unternommen worden. Der italienische Arzt Camillo Baldo, Professor an der Universität Bologna, unternahm es damals, möglichen Zusammenhängen zwischen Charakter und Handschrift auf die Spur zu kommen. Sein 1622 veröffentlichtes Werklein fand keine große Beachtung. Erst ein gutes Jahrhundert später kam sein Thema wieder zur Geltung.

Der Schweizer Theologe Johann Caspar Lavater gab in den Jahren 1775–1778 seine berühmt gewordenen «Physiognomischen Fragmente» heraus, welche einen Abschnitt zur Deutung der Handschrift enthielten. Zu diesen Studien war er durch seinen Freund Goethe angeregt und in der Folge dabei auch unterstützt worden. Handelte es sich jedoch bei Goethe mehr um eine gefühlsmäßige, auf Intuition beruhende Art der Betrachtung, versuchte Lavater feste Richtlinien für eine planmäßige Untersuchung aufzustellen. Seine Überlegungen wurden für die weitere Entwicklung ausschlaggebend und bedeuten einen Markstein in der Geschichte der Graphologie.

Durch Lavater beeinflußt, versuchten einige Franzosen zu ergründen, ob und welche Charaktereigenschaften ihren Ausdruck in Handschrift- und Buchstabenformen finden könnten. Der Abbé Flandrin verschaffte sich in mühevoller Arbeit ein ganzes Arsenal von Handschriften historischer Persönlichkeiten und forschte darin nach gemeinsamen Merkmalen. So entstand empirisch, ohne theoretisch-psychologische Grundlage, eine bedeutende Sammlung sogenannter «Zeichen der Schrift». Der Abbé Jean-Hippolyte Michon setzte Flandrins Arbeit fort. In seinem 1875 erschienenen Werk «Système de Graphologie» prägte er den Ausdruck *Graphologie* (Wissenschaft vom Schreiben). Sein Schüler Crépieux-Jamin baute darauf, nach neuen Wegen suchend, weiter. Die Übersetzungen seiner Werke schufen rasch neue Interessenten; bald suchte alle Welt «Zeichen» in jeder Schrift.

Deutschen Forschern blieb es vorbehalten, für die wissenschaftliche Vertiefung der Graphologie zu sorgen. (Hier muß betont werden, daß es sich dabei nicht um eine selbständige Wissenschaft handelt, sondern um *eine psychologische Diagnose-Methode wissenschaftlicher Art.)* Unter den deutschen Spezialisten wie Langenbruck, Preyer, Dr. med. Georg Meyer, Psychiater, und vielen andern dürfte wohl Ludwig Klages (1872–1956) der bekannteste sein. Große Bedeutung kommt auch dem Schweizer Max Pulver (1889–1952) zu.

Graphologie heute

Heute arbeitet der verantwortungsbewußte Graphologe im Dienste der angewandten Psychologie. Ohne charakterkundliche und psychologische Kenntnisse ist die Schriftdeutung eine nicht ernst zu nehmende Liebhaberei. Jedes volkstümliche Zeichen-Deutungsverfahren – ein beliebtes Hobby pröbelnder Dilettanten – ist, sobald es die Grenze unterhaltsamen Gesellschaftsspiels überschreitet, gefährlich und gerät bald in bedenkliche Nähe von Scharlatanerie. Es gibt nun allerdings Menschen mit einer außergewöhnlich guten Intuition, die für ihre persönlichen Belange wertvolle Schlüsse aus der Schriftlesung ziehen können. Selbst einige bekannte Graphologen vertreten die Auffassung, daß sie ohne vielseitige Gliederung eine Schrift vom Anschauen her richtig zu deuten vermögen. Doch sind dies die großen Ausnahmen.

Auf keinen Fall ist der Graphologe ein Hellseher; Zukunftsdeutung, Prophezeiung, Schicksalsvoraussage und dergleichen mehr liegen völlig außerhalb seines Programms. Ernsthafte Störungen im Gesamtzustand des menschlichen Organismus haben zwar einen Niederschlag auch in der Handschrift; doch sind keine direkten Diagnosen möglich, wenn dies auch in zahlreichen Publikationen behauptet wird. Hat der pflichtbewußte Graphologe den Verdacht, die Gesundheit des Schrifteigners sei beeinträchtigt, so sollte er dem Betreffenden in vorsichtiger Form (ohne irgendwie eine Diagnose anzudeuten) raten, einen Arzt zu konsultieren.

Wer braucht graphologische Gutachten?
a. *Geschäftsinhaber* bei der Angestellten-Auslese, um verläßliche Arbeitskräfte am richtigen Orte einsetzen zu können.
b. *Arbeitgeber,* denen sehr an guter Team-Arbeit liegt, lassen eine vergleichende Analyse von sich selbst, ihrem nächsten Mitarbeiter und dessen Untergebenen erstellen. Dieses wohl fruchtbarste Gutachten und dessen Auftraggeber haben allerdings eher Seltenheitswert.
c. *Menschen mit irgendwelchen Schwierigkeiten,* sei es im Studium, im Beruf, in der Ehe, in der Gemeinschaft oder Familie, wie etwa Zweifel bei Brautleuten, tiefes Auseinanderleben von Ehepaaren, Eltern mit Problem-Kindern. Sie alle erhoffen sich von der Schriftanalyse Klarheit.
c. *Fürsorgestellen, Jugendgerichte, die Justiz* zum Zwecke der Untersuchung von gefälschten Dokumenten, Unterschriften, anonymen Briefen u. v. a. m. Für diese letzte Gruppe sind speziell dafür ausgebildete Fachleute zuständig.

Wie entsteht eine Schriftanalyse?

Der Graphologe benötigt dringend:
a. Genügend Schriftmaterial, möglichst mit Unterschrift. Für spezielle Fälle (Gericht u. ä.) sind Schriftproben aus verschiedenen Altersstufen sehr wertvoll, oft unerläßlich.

b. Angabe von Geschlecht und Alter.

c. Auskunft über Bildungsgang und Beruf.

d. Der Auftraggeber soll klar die Punkte nennen, die für sein Problem besonders wichtig sind.

Es erfolgt zunächst eine dem Überblick dienende graphologische Bestandesaufnahme: Schreibfertigkeit, Äußerungsvermögen, Bildungshöhe, Eigenartigkeitsgrad, natürlich/erworben, Formniveau, allgemeiner Eindruck, Geistigkeit, Gefühlswelt, Temperament, Wille, Charakter, im engeren Sinne Umwelt, Kontakte.

Dann wird die Schriftprobe in vielen Einzelheiten studiert. Um dem Leser einen Begriff von dieser Arbeit zu vermitteln, haben wir aus der Fülle zu beachtender Einzelheiten im folgenden eine Auswahlliste wesentlicher Hinweise zusammengestellt.

Die beidseitigen Ränder eines Schriftbildes

Ist der Anfangsrand sehr breit, so deutet er auf Konvention, Geltungssucht und repräsentative Neigungen. Er kann auch Ausdruck eines Ästhetikerprinzips sein und Prachtliebe, Schönheitssinn und Ordnung bedeuten. Ökonomisch betrachtet, ist der Schluß auf Großzügigkeit und Verschwendung berechtigt.

Mittelbreiter Anfangsrand zeigt gutes Auftreten, Formsinn, Ordnung, Pünktlichkeit und Einteilungsgabe.

Ist der Rand schmal, tritt die Form hinter das Interesse zurück.

Bei zunehmendem Rand denkt man an die Unzulänglichkeit des Sinnes für Form und Einteilung, an einen Durchbruch von Haltlosigkeit, Inkonsequenz und Ungeduld.

Der abnehmende Rand deckt eine verborgene Unfreiheit und Gehemmtheit auf.

Der unregelmäßige Rand zeugt von Mangel an Form, Ordnung und Pünktlichkeit.

Ein sehr breiter Endrand verrät ausgeprägtes Verantwortungsgefühl, Unabhängigkeitsdrang, anderseits aber auch Entschlußschwäche und Scheu vor Aufgaben.

Ein mittel-eingehaltener Endrand läßt uns auf gutes Raumgefühl sowie Selbstkontrolle, Vorsicht und Überlegung schließen.

105

Den schmalen Endrand sieht man bei Unvorsichtigkeit, Übereiltheit, Unüberlegtheit, Mut und Draufgängertum.

Bei übertrieben unregelmäßigem Endrand mangelt es an Einteilung sowie an Raum- und Formgefühl, auch im übertragenen Sinn. Tritt die Schrift *über den Rand,* so stellt man Rücksichtslosigkeit, Angst und Mangel an Einteilung fest.

Ist der obere Briefrand schmal, so lesen wir daraus mangelndes Distanzgefühl.

Der Zeilenverlauf

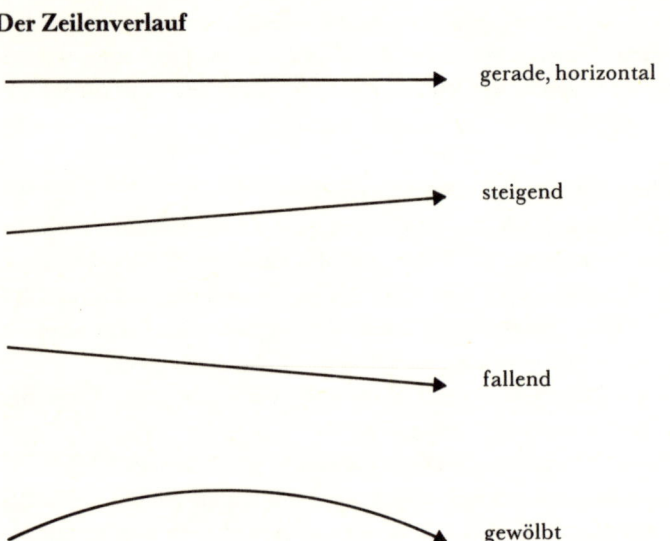

gerade, horizontal

steigend

fallend

gewölbt

Der gerade Zeilenverlauf deutet meistens auf Festigkeit, Verläßlichkeit, Beharrlichkeit, Ausdauer und Gleichmäßigkeit (natürlich ohne Zeilenunterlage verstanden).

Im negativen Sinne kann er mangelnde Ansprechbarkeit bedeuten.

Der steigende Zeilenverlauf weist eher auf Eifer, Antrieb, Tätigkeitsdrang, Mitteilungsbedürfnis, Heiterkeit und Optimismus hin. Es ist möglich, daß Erregung, ruheloser Unternehmungssinn oder Unrast den Schreiber beherrschen.

Im absinkenden Zeilenverlauf zeigen sich Ermüdbarkeit, mangelnde Raumeinteilung, Aggressivität, Übereifer, Unüberlegtheit, Drauflos-reden, überkompensierte Scheu, Verlegenheit oder auch Depressivi-tät und Pessimismus.

Die gewölbte Zeile verrät vorzeitiges Erlahmen, Strohfeuer, Eifer ver-bunden mit Mangel an Ausdauer, Lebhaftigkeit bei geringer Energie oder Enttäuschung.

Schwankend, wellenförmig, unregelmäßig verläuft die Zeile bei Labili-tät, Planlosigkeit, Ziellosigkeit, Unschlüssigkeit, Gesinnungsschwan-kung, Launenhaftigkeit, aber auch bei diplomatischer Gewandtheit. Der Graphologe hat sich außerdem mit einigen Abarten der genann-ten Zeilenverläufe zu befassen.

Der Zeilenabstand

Zeilenweite zeigt im positiven Sinne Klarheit des Geistes, begriffliche Unterscheidungskraft und wissenschaftliche Neigungen, im negati-ven Sinne Mangel an Anschauungskraft und an Erkenntnis der Le-benswirklichkeit.

Zeilenenge kann Ursprünglichkeit, Natürlichkeit und Unmittelbar-keit bedeuten, oder sie zeugt von Unklarheit, Unüberlegtheit und Triebnatur.

Die Schriftlage

Die Schriftlage (Schriftwinkel) ist rechtsschräg, steil, linksschräg oder unregelmäßig. Die meisten Schriften sind *rechtsschräg*. Sie zei-gen uns je nach dem Schriftwinkel (schräger oder steiler) folgende Eigenschaften an: Vorherrschaft des Gefühls, Impulsivität, Gefühls-wärme, Liebesfähigkeit, Geselligkeit, Ansprechbarkeit, Leidenschaft, Widerstandslosigkeit, Verführbarkeit, Unvernunft, Hemmungslosig-keit, Triebhaftigkeit und Vielgeschäftigkeit.

Bei steiler Schrift herrscht die Vernunft vor dem Trieb. Besonnenheit, Vernünftigkeit, Selbstbeherrschung, Selbstkritik, Selbständigkeit, Ruhe, Haltung, Unbeirrbarkeit und Unbeeinflußbarkeit können dar-in ihren Ausdruck finden.

Die linksschräge Schriftlage deckt eine Schutzhaltung auf. Sie ist meist

107

unnatürlich, gemacht, affektiert, krampfhaft und zeugt oft von Unaufrichtigkeit.

Unregelmäßige Schriftlage verrät Unsicherheit, Launenhaftigkeit, Zwiespältigkeit, und bei zunehmender Schrägheit Leichtsinn und «Sichgehenlassen».

Die Schriftgröße

Die große Schrift: Man versteht darunter eine Schrift, deren Mittelband über 3 mm mißt.

Sie zeugt von Selbstbewußtsein, Stolz, Tatenfreude, Begeisterungsvermögen, Gefühlstiefe, Großzügigkeit und Weitblick.

Ambivalent kann sie Schwärmerei, Überspanntheit, Mangel an Wirklichkeitssinn, Unvorsichtigkeit, Zerstreutheit, Flüchtigkeit, Konzentrationsschwäche, Leichtsinn, fordernde Einstellung bedeuten.

Die kleine Schrift (Mittelband unter 3 mm) kann Hinweise geben auf Fügsamkeit, Familiensinn, Pflichtgefühl, Bedachtsamkeit, Umsicht, Besonnenheit, Gründlichkeit, Sachlichkeit, Genauigkeit, Vorsicht und Wirklichkeitssinn.

Sie kann aber auch Vorliebe fürs Detail, Kleinlichkeit, Pedanterie, Bedenklichkeit, Ängstlichkeit, Ichbezogenheit und Selbstquälerei bedeuten.

Unregelmäßige Schrift läßt geistige Beweglichkeit, Lebhaftigkeit, Sensibilität, Unruhe des Selbstgefühls und Empfindlichkeit vermuten.

Bei Anfangsvergrößerung tippen wir auf Geltungsdrang, Überheblichkeit und Dünkel.

Bei Anfangsverminderung steigert sich der Krafteinsatz allmählich; der Schreiber ist eher bescheiden und kleingläubig.

Schlußvergrößerung läßt auf Freimut, Grobheit, Naivität, «Infantilität» und auf «das letzte Wort behalten» schließen.

Die Schlußverminderung der Zeile deutet Verbindlichkeit, kluges Benehmen, Vorsicht, Schüchternheit oder auch Nachlassen an.

Weite oder Enge der Schrift

Beim Betrachten einer Handschrift fällt jedermann die Weite, Enge oder Unregelmäßigkeit des Schriftbildes auf.

Ist die Schrift weit – großzügig, denken wir an Zielstrebigkeit, Zielbewußtsein, Beweglichkeit, Eifer, Unbefangenheit, Frische, Zwanglosigkeit, Drauflosleben, Bedürfnis zum Erfassen und Aufnehmen; oder aber auch an Flüchtigkeit, Ungenauigkeit, Ungebundenheit, Getriebenheit und Unzufriedenheit.

Das enge Schriftbild bedeutet eher Zurückhaltung, Mäßigung, Selbstbeherrschung, «Haltung», Gehemmtheit, Befangenheit, Zaghaftigkeit, Schüchternheit, Ängstlichkeit, Vorsicht aus Angst und Egoismus.

Enge bei großem Wortanfang zeigt falsche Bescheidenheit an. Enge mit Unterbrechungen im Wort deutet auf Geiz, Langsamkeit, Spannung und Introversion.

Die Verbindungen

Beim Verbundenheitsgrad wird unterschieden zwischen Blockbildung (verbundene Schrift), unverbundener Schrift, gemischten und besonderen Formen.

Die Blockbildung ergibt zahlreiche Hinweise, z. B. praktische Anpassung, Realismus, Naivität (im guten Sinne), geistige Klarheit, rasches Denken, rasche Auffassung, Schlagfertigkeit, logisches Erfassen, diskursives Denken, Neigung zu Systematik, begriffliches und abstraktes Denken, Kombinationsgabe, Organisationstalent. Sie enthüllt aber auch negative Anlagen: schweifende Denkungsart, oberflächliches Denken, Gedankenflucht, geistige Unselbständigkeit, Mangel an neuen Gedanken, Einseitigkeit, Extraversion und Eilemerkmale.

Das unverbundene Schriftbild weist hin auf eindringliches und intuitives Denken, Einfälle, Schlagfertigkeit, Findigkeit, Witz und Gedankenfülle. Entdecker, Erfinder und Sammler zeigen diese mangelnde Blockbildung oft.

Im Gegensatz dazu kann es auch auf eine gestörte Anpassung hindeuten, auf ein Zurückdrängen des Gesetzmäßigen, Mangel an Logik, Inkonsequenz, Sprunghaftigkeit, Verlangsamung des Denkablaufes und auf Introversion.

Gemischte Verbundenheit kann einer Verbindung von klar-logischem oder intuitivem Denken entspringen. Der Schrifteigner besitzt even-

tuell produktive Gaben, möglich ist aber auch eine innerlich bedingte Störbarkeit.

Bindungsformen

u	*ell*	*u*	Girlande
n	*sss*	*m*	Arkade
⌐			Faden
ur			Doppelbogen
~	*~* *ʃ* *ʔ*		Doppelkurve
sie	*bi*		Gradverbindung
sun	*ll*		Winkel

Girlanden: Sie zeugen von Anpassungsbereitschaft, Güte, Wohlwol-
len, Hilfsbereitschaft, Aufgeschlossenheit, Hingabebereitschaft,
Empfänglichkeit, Einfühlungsvermögen, Anerkennungsbereitschaft,
Toleranz, Altruismus, Natürlichkeit und Zwanglosigkeit.
Schlaffe, schwache Girlanden zeugen von Nachgiebigkeit, Weichheit,
Wankelmut, Verführbarkeit, von ungehemmten Gefühlsimpulsen,
Unselbständigkeit, Sorglosigkeit, Distanzlosigkeit, Tendenz zur Li-
nie des geringsten Widerstandes.
Tiefgesattelte Girlanden deuten auf Schwermut und Depressionen.
Gestützte (unechte) Girlanden decken berechnende Liebenswürdigkeit
auf.
Aus den Arkadenschriften lesen wir Verschlossenheit, Schwerzugäng-
lichkeit, Zurückhaltung, Förmlichkeit, äußerliche Anpassung, Höf-
lichkeit, Besonnenheit, mangelnde Spontaneität, Formwille, Formbe-
wußtsein, Ausdrucksbereitschaft, Geschmack, aber auch Scheinan-
passung, Falschheit und Unaufrichtigkeit.
Beim gewöhnlichen Faden schließen wir auf Anpassungsgabe, Gewandtheit, Diplomatie, Beeinflußbarkeit, Vieldeutigkeit, auswei-
chendes Verhalten, Vorliebe für Unklarheit, eventuell Verschlagen-

110

heit, Unberechenbarkeit, Neurose, Neurasthenie, Unechtheit, Unehrlichkeit oder Schlauheit.

Der Abschlußfaden weist auf Schreibgewandtheit, Denkschnelligkeit, Geschmeidigkeit und Einfühlungsfähigkeit.

Bei *druckstarkem Faden* erkennt man Instinktsicherheit, Vielfältigkeit, sichere und rasche Reaktion.

Der Doppelbogen deckt unklare Entschlüsse, Unbestimmtheit und Unausgesprochenheit auf.

Doppelkurven bedeuten künstlerische Begabung rezeptiver und/oder produktiver Art.

Gradverbindung läßt auf opportunistisch-berechnende Begegnungsweise schließen.

Winkel deuten auf Widerstandskraft, Unbeirrbarkeit, Entschiedenheit, Standhaftigkeit, kämpferische Einstellung, Prinzipienfestigkeit, Wachheit und Bewußtheit.

Gegensätzliche Möglichkeiten: mangelnde Spontaneität, Unnachgiebigkeit, Härte, Kälte, Halsstarrigkeit, Teilnahmslosigkeit, Egoismus, Zerrissenheit, Zwiespältigkeit und Reizbarkeit. Winkel in *druckstarker* Schrift verraten starken Willen, in *druckschwacher* Schrift oft Eigensinn, Rechthaberei, Reizbarkeit und Empfindlichkeit.

Brüche zeugen von Eigensinn, Eigenart und Willensvorherrschaft.

Ligaturen (eingebundene Oberzeichen):

Häufig vorkommende derartige Verbindungen können als Hinweise für Kombinationsgabe, Assoziationsleichtigkeit, Scharfblick und diplomatische Undurchdringlichkeit gewertet werden.

Abgetrennte Anfangsbuchstaben zeugen meistens von Vorausüberlegen.

Völligkeit oder Magerheit

Sie geben Anhaltspunkte über Phantasie oder Nüchternheit.

Die Völligkeit zeigt auch wieder sehr gegensätzliche Merkmale: Phan-

111

tasie, Vorstellungsgabe, Anschauungsvermögen oder Unklarheit, Phantastik, Verstandesschwäche, Verworrenheit und Prahlerei,

in der *Oberzone* Betonung des Geistigen oder Fixierung an überwertige Ideen,

in der *Mittelzone* seelische Fülle, Gefühlsreichtum, eventuell auch Dummheit,

in der *Unterzone* erotische Phantasie.

Die Magerkeit weist auf geistige Klarheit, Scharfsinn, theoretische Denkweise, Abstraktionskraft und kritischen Sinn.

In der *Oberzone* deutet sie Phantasielosigkeit, Nüchternheit und die Gabe der Wesenserfassung an.

In der *Mittelzone* ist eher auf Gefühlsarmut und Kälte zu schließen.

In der *Unterzone* zeugt sie von geringen erotischen Interessen, jedoch von Materialismus und Realismus.

Die Eile in der Schrift

Positiv: Tätigkeitsdrang, Rührigkeit, Eifer, Strebsamkeit, Elan, Rastlosigkeit, Lebhaftigkeit, Spontaneität, Erregbarkeit, Natürlichkeit, Ziel- und Erfolgssicherheit.

Negativ: Unruhe, Ungeduld, Eilfertigkeit, Aufgeregtheit, Fahrigkeit, Oberflächlichkeit und Flüchtigkeit.

Die Langsamkeit

Positiv: Ruhe, Sammlung, Besonnenheit, Vorsicht, Beständigkeit, Unablenkbarkeit, Beschaulichkeit und Gelassenheit.

Negativ: Passivität, Phlegma, möglicherweise Trägheit, Unschlüssigkeit, Stumpfheit, Indolenz, Sturheit, Gehemmtheit, beeinträchtigte Natürlichkeit.

Eventuell auch Selbstkontrolle und Vernunftherrschaft.

Zusammenfassend muß hervorgehoben werden, daß alle einzelnen Schriftzeichen charakterologisch bis zu einem gewissen Grade mehrdeutig sind.

Wohl sieht und unterscheidet man die einzelnen Zeichen, aber um sie qualitativ und quantitativ zu werten und zu deuten, müssen sie *unbedingt* zu einem *Gesamtbild* verbunden werden. Das bedeutet: genaue Analyse, gründliches Vergleichen, seriöse Gedankenarbeit und gehörig Zeit.

Bei jedem Gutachten bleibt zu bedenken, daß die Handschrift Aussage der momentanen Verfassung ist. Es kann daher beim besten Graphologen gelegentlich zu einem Fehlurteil kommen.

Beispiel einer Partnerschaftsanalyse

Graphologische Skizze
über Frau X, geb. 1938, Fremdsprachenlehrerin

Die junge Frau ist vielseitig begabt, sowohl geistig als auch künstlerisch und ebenfalls manuell sehr geschickt. Gutes Raum- und Formgefühl, Einfallsreichtum, Phantasie, Vorstellungsgabe und Anschauungsvermögen zeichnen sie aus. Sie erfaßt das Wesentliche, ist geistig beweglich und urteilsbestimmt. Vorsichtig, etwas mißtrauisch, überlegungsfähig, übt Frau X. Zurückhaltung und Selbstkontrolle.

In der Schrift sind Anzeichen von Isoliertheit und innerer Einsamkeit bemerkbar.

Sie hat viele Einfälle, ist schlagfertig, nimmt nichts einfach hin, wie es sich äußerlich darbietet, sondern geht den Dingen auf den Grund.

113

Sie ist zuverlässig, lebhaft, spontan, warmherzig und hingabebereit. Ambivalent zeigt sie Unruhe des Selbstgefühls, Ungeduld und momentane Unzufriedenheit. Sie ist heftig, eigensinnig, empfindlich und reizbar. Hie und da flüchtig, ungenau, unkonzentriert, hält sie sich doch unter guter Selbstkontrolle.

Eindrucksoffen, von elastischer Anpassung, rezeptiv und produktiv begabt, sucht sie mit diesen Gaben die innere Einsamkeit zu überbrücken.

Die Frau ist temperamentvoll, liebesfähig, wohlwollend, aufgeschlossen und ein mütterlicher Typ. Aufrichtigkeit, gute Einfühlung und Du-Erkennungsbereitschaft machen sie zu einer liebenswürdigen, zuverlässigen Partnerin.

Graphologische Skizze
über Herrn Y, geb. 1938, Ingenieur

Der Schrifturheber ist ein anständiger, ehrlicher, gutgesinnter Mensch von ausgeglichener Anpassung. Beruflich hält er sehr auf Ordnung und Pünktlichkeit. In Verbindung von begrifflich-logischem und intuitivem Denken besitzt er fachlich produktive Gaben. Er ist aktiv, vital, leistungsfähig, beweglich, eifrig, frisch, verläßlich und ausdauernd. Willensstark, nüchtern, auf die Dauer eher etwas langweilig, zeigt er bei eigener innerer Abschrankung Weltverbundenheit, gutes Auftreten und Konventionalität.

Ambivalent hat er gewisse Vorurteile, ist subjektiv, vergangenheitsbezogen, klebt am persönlichen Standpunkt, zeigt eine innerlich bedingte Störbarkeit und eine gewisse Naivität. Er wirkt zuweilen flüchtig, ungebunden, getrieben, eigensinnig und unzufrieden.

Der Schreiber liebt Abwechslung, Geselligkeit, und ist an der Oberfläche fröhlich und humorvoll. Die Schrift zeigt Verschlossenheit, Unsicherheit im Verhalten zur Umwelt, zeitweilige Konzentrationsschwäche sowie Entschlußschwäche aus Scheu vor neuen Aufgaben. Gütig, wohlwollend, hilfsbereit, tolerant, stolz, begeisterungsfähig und gemütvoll, ist er ein liebenswürdiger Kamerad mit starkem Verantwortungsgefühl. Rein menschlich ist eine freundliche, zugewandte, aber nicht vorbehaltlos aufgeschlossene Art persönlicher Beziehungen kennzeichnend.

Partnerschaftsanalyse
Frau X und Herr Y

Beide Partner sind liebenswerte, intelligente Menschen. Eine Ehe könnte man sich zwischen diesen beiden Menschen vorstellen, sofern Y seine innere Mauer abbaut und offener wird. Frau X beansprucht ihren Partner nicht bloß gefühlsmäßig, sondern auch geistig.

Was bei Y oberflächlich scheint, findet man sicher auch in der Tiefe; alle positiven Eigenschaften müßten von innen her mobilisiert werden. Er muß sich auch Zeit nehmen, in geistigen Belangen etwas mehr zu tun, um mit der Partnerin Schritt zu halten. Wenn Y innerlich derart blockiert bleibt, gibt es im Zusammenleben nur eine etwas langweilige «bürgerliche» Gemeinschaft, ein gegenseitiges Versorgtsein.

In diesem Falle wiederum würden bei Frau X die eher negativen Seiten mobilisiert; denn sie will nicht allein Hausfrau und Frau sein, sondern in jeder Situation verstehende und mitgehende Kameradin.

Von Wichtigkeit ist, ob die Partner gefühlsmäßig derart angesprochen sind, daß sie sich gegenseitig willentlich entgegenkommen. Von einer Nur-Vernunftehe muß abgeraten werden.

Es liegt nun an einer offenen, ehrlichen Selbstkritik und gegenseitiger Aussprache, ob die Bedingungen zu einer harmonischen, glücklichen Zweisamkeit gegeben sind, sofern beide den Wunsch haben, auch willentlich das Ihrige dazu beizutragen.

Einwände gegen die Graphologie

Wie dies jedem beliebigen Verfahren geschieht, begegnen auch der Graphologie Zweifel und verschiedene Einwände. Auf die wichtigsten sei zum Schluß kurz eingegangen:

1. Leitende Persönlichkeiten diktieren oder benützen die Schreibmaschine; die Handschrift verliert mangels Übung an Spontanwirkung und sagt daher weniger aus.

Antwort: Die Tätigkeit des Schreibens wird vom Gehirn gesteuert. Wenn sich das äußere Bild aus dem oben erwähnten Grunde ändert, so bleiben die für die Beurteilung maßgeblichen Schriftelemente mit der geistigen Situation des Schreibers verbunden und sind für den Fachmann klar erkennbar.

2. Bewerbungsschreiben werden besonders sorgfältig geschrieben; das Schriftbild ist daher verfälscht und führt zu Fehlurteilen.

Antwort: Der geübte Graphologe erkennt solche Schriften auf den ersten Blick. Die typischen Merkmale zur Deutung sind trotzdem vorhanden. Das sichtliche Bestreben des Schreibers, seine Schrift zu «verschönern», bedeutet ein zusätzliches Element für die Wertung «positiv – negativ».

3. Einzelne graphologische Fehlurteile führen zur Ablehnung des ganzen Verfahrens.

Antwort: Fehlurteile sind möglich. Elsbeth von Mertens schreibt in ihrer Einführung in die Graphologie: «Trotzdem rechnet man bei einem gut vorgebildeten Graphologen mit mindestens neunzig-, im allgemeinen fünfundneunzigprozentiger Sicherheit des Urteils, was über alle anderen Möglichkeiten der Charakterforschung hinausgeht.» Eine Methode mit diesem Wahrscheinlichkeitsgrad darf sicher nicht als schlecht oder gar als falsch bezeichnet werden.

Der zweite Weg: Persönlichkeits-Fragebogen

Die Persönlichkeits-Fragebogen sind mit den wichtigen charakterologischen Klassifikationen, die aus ihnen hervorgingen, untrennbar verbunden. Manche Forscher haben bei der Entwicklung ihres Fragebogens die Möglichkeit gesehen, eine Typologie daraus abzuleiten. Andere dagegen haben zuerst eine Typologie ausgearbeitet und danach ihre Fragebogen angelegt, wobei sie ihre vorherigen theoretischen Schlüsse für die Praxis auswerteten. Diese Verfahrensweisen widersprechen sich nur scheinbar. Sie gehen alle von einer gemeinsamen Arbeitshypothese aus: vom psychologischen Wert des Persönlichkeits-Fragebogens. Hier sollen der Reihe nach die Methoden von G. Heymans und R. Le Senne, von R. Cattell und H. J. Eysenck vorgestellt werden. In allen drei Fällen läßt sich das theoretische Werk von der praktischen Anwendung nicht trennen.

Charaktertypen nach Heymans und Le Senne

In den Jahren zwischen 1906 und 1918 erarbeitete der Niederländer Gerardus Heymans, Professor an der Universität Groningen, mit seinem Mitarbeiter Wiersma eine Typologie, die nach dem Zweiten Weltkrieg in Frankreich von den Psychologen René Le Senne und Gaston Berger aufgegriffen wurde und seither wachsende Bedeutung erlangte.

Umgangssprache als Ausgangspunkt
Die Idee, von der Heymans ausging, ist folgende: Die Persönlichkeits-Eigenschaften können voneinander nicht unabhängig sein, es müssen bedeutsame Verbindungen und Gruppierungen bestehen.

Betrachten wir einmal folgende sechs Wesenszüge: verschwenderisch – bedächtig – leichtsinnig – geizig – großzügig – sparsam. Die menschliche Natur ist so angelegt, daß diese sechs Eigenschaften mehr Aussicht haben, in folgender Gruppierung aufzutreten: verschwenderisch – leichtsinnig – großzügig einerseits und bedächtig – geizig – sparsam andererseits.

Heymans erarbeitete eine Untersuchungsmethode, die ihn zu einer objektiven, im großen und ganzen auf der Umgangssprache beruhenden Typologie hinführte, zu einer Klassifizierung von Grunddimensionen oder Grundmerkmalen, um die sich eine große Zahl von Charaktereigenschaften gruppierte.

Heymans und Wiersma sandten etwa 3000 niederländischen Ärzten Fragebogen mit je 90 Fragen. Die Ärzte sollten aus dem Kreis ihrer Patienten eine ihnen möglichst gut bekannte Familie mit mehreren Kindern aussuchen und über sie in dem Fragebogen eingehend Auskunft geben. Warum sich Heymans gerade an Ärzte wandte? Weil der Hausarzt damals noch üblicherweise Eltern und Kinder behandelte und diese von frühester Jugend an kannte, ja sie oft schon zur Welt gebracht und ihre Entwicklung verfolgt hatte. Der Arzt kannte also in der Regel sämtliche Familienmitglieder besonders gut. Darüber hinaus glaubte Heymans, daß die von ihm untersuchten typischen Eigenschaften erblich sein mußten – ein weiterer Grund, weshalb er sich an Ärzte wandte.

Bei seinen Fragen ging es um Aktivität, Emotionalität und Intelligenz sowie Neigungen. Die Ärzte sollten auf dem Fragebogen stark ausgeprägte Verhaltensweisen durch Unterstreichungen kennzeichnen. 400 Ärzte folgten der Aufforderung und beantworteten Heymans' Fragen; erfaßt wurden 2500 Personen aus 450 Familien.

Drei Grunddimensionen

Die statistische Auswertung dieser Antworten bestätigte Heymans' Vermutungen. Die Verhaltensweisen ließen sich in drei Gruppen oder Grund«dimensionen» zusammenfassen: nach Emotionalität, nach Aktivität und nach «Resonanz».

Emotionalität: «Wir bezeichnen als emotionalen Typus», schreibt

Gaston Berger (in «Traité pratique d'analyse du caractère», Paris 1963), «einen Menschen, der bewegt ist, wenn die meisten Menschen es kaum sind, und der unter bestimmten Umständen heftigere Bewegung empfindet als der Durchschnitt. Dagegen läßt sich der nichtemotionale Typus nur selten rühren, seine Gefühle sind wenig heftig... Schon in dieser unterschiedlichen emotionellen Reaktion kann der Grund für ein gegenseitiges Nichtverstehen zwischen Menschen und damit für manche Auseinandersetzung gegeben sein. Der emotionale Typus verwünscht zwar seine Emotionalität, da er ja unter ihr leidet, betrachtet sie aber dennoch als kostbares Gut. Den Nichtemotionalen sieht er bald als einen Heuchler an, der seine Gefühle verbirgt, bald als ein anormales, nicht wahrhaft menschliches Wesen.»

Aktivität: «Dies ist die Anlage, die dem aktiven Typus das Handeln leicht macht. Der inaktive Typus dagegen wird tätig nur gegen seinen Willen, mit äußerstem Widerstreben, mühsam, oft unter Murren und Klagen», sagt René Le Senne (in «Traité de caractérologie», Paris 1963) und fügt hinzu: «Ein Mensch ist aktiv, wenn das Auftauchen eines Hindernisses seine auf den so versperrten Weg gerichtete Energie verstärkt. Inaktiv ist, wer sich von einem solchen Hindernis entmutigen läßt. Für den aktiven, vor allem den überaktiven Typus kann gerade das Hindernis sein Interesse an einem bestimmten Unternehmen reizen, das ihn ohne Hindernis gar nicht gelockt hätte.»

Resonanz: Alles, was uns im täglichen Leben widerfährt, ruft ein Echo hervor, das mehr oder weniger lange in uns nachhallt. Je nach unserem Temperament kann dieser Widerhall von recht unterschiedlicher Dauer sein. 1902 hat der deutsche Psychiater Otto Groß auf die Tatsache aufmerksam gemacht, daß sich hier die Menschen in folgende zwei Gruppen teilen lassen: in solche, die auf der Stelle sehr lebhaft reagieren und schnell wieder vergessen, was Groß als «primäre Funktion» bezeichnete, und jene, die weniger unmittelbar reagieren, bei denen aber das Erlebte noch lange im Innern nachwirkt. Dies nennt er die «sekundäre Funktion». Die «Primär-» und die «Sekundärfunktionierenden» verkörpern also zwei unterschiedliche Verhaltenstypen.

119

Die acht Persönlichkeits-Typen von Heymans

Die Typologie von Heymans beruht demnach auf drei bipolaren Faktoren: auf Emotionalität – Nichtemotionalität, Aktivität – Inaktivität und Primärfunktion – Sekundärfunktion. Heymans schreibt in seiner «Einführung in die spezielle Psychologie» (Leipzig 1932): «Zur Veranschaulichung der zwischen diesen Gruppen vorliegenden Verhältnisse kann vielleicht die beigegebene Figur (Abb. 15) etwas beitragen. In dem hier gezeichneten Kubus werden die Menschen nach den drei Grundmerkmalen eingeordnet; je emotionaler, desto höher, je aktiver, desto weiter hinten. So wird der Durchschnittsmensch, bei dem alle drei Grundkomponenten mehr oder weniger gleich stark vertreten sind, am Schnittpunkt der Diagonalen des Würfels stehen, während sich die extremen Vertreter jeder Kategorie an den acht Ekken des Kubus finden.» Dies sind Heymans' acht Persönlichkeits-Typen.

Von den drei wichtigen bipolaren Komponenten des Charakters – dem Maß der Emotionalität, dem Maß der Aktivität und den Primär- bzw. Sekundärfunktionen – ausgehend, gelangte Heymans zu acht Typen. Er unterschied:

Nervöse: Emotionell, nichtaktiv, mit überwiegender Primärfunktion (EnAP)

Sentimentale: Emotionell, nichtaktiv, mit überwiegender Sekundärfunktion (EnAS)

Choleriker: Emotionell, aktiv, mit überwiegender Primärfunktion (EAP)

Passionierte: Emotionell, aktiv, mit überwiegender Sekundärfunktion (EAS)

Sanguiniker: Nichtemotionell, aktiv, mit überwiegender Primärfunktion (nEAP)

Phlegmatiker: Nichtemotionell, aktiv, mit überwiegender Sekundärfunktion (nEAS)

Amorphe: Nichtemotionell, nichtaktiv, mit überwiegender Primärfunktion (nEnAP)

Apathische: Nichtemotionell, nichtaktiv, mit überwiegender Sekundärfunktion (nEnAS)

Die eingehende Prüfung der Berichte, die er den Ärzten verdankte, ermöglichte Heymans die recht präzise Umschreibung dieser acht psychologischen Typen. Sie wurde später von Le Senne und Berger

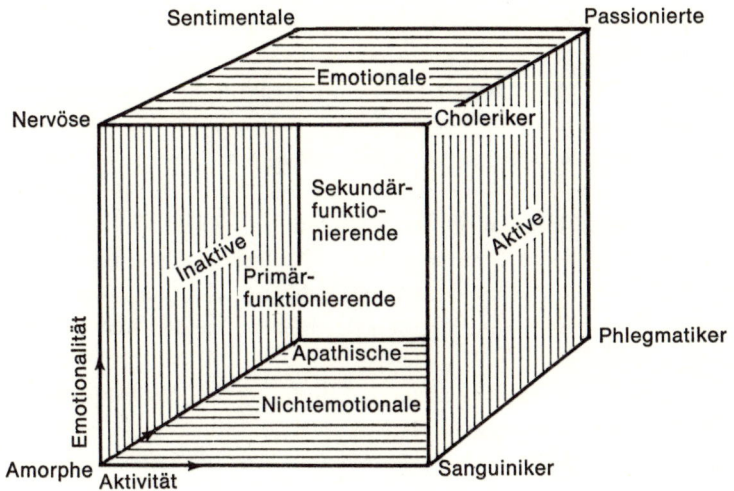

Abb. 15.

weiter ausgebaut. Gaston Berger beschreibt die Typen in Stichwor-
ten (nach «Traité pratique d'analyse du caractère», Paris 1963):
Passionierte (EAS). Sie sind ehrgeizig und verwirklichen ihre Absichten. Extreme Anspannung der gesamten Persönlichkeit. Aktivität
wird auf ein einziges Ziel konzentriert. Herrschernaturen mit Füh-
rungseigenschaften. Verstehen ihre Heftigkeit zu zügeln und – zu
nutzen. Gefällig und ehrenhaft, lieben Geselligkeit, sind gewandte
Gesprächspartner. Familie, Vaterland und Religion nehmen sie sehr
ernst. Sie haben viel Sinn für Größe und verstehen es, ihre körperlichen Bedürfnisse einzuschränken – unter Umständen bis zur Askese.
Dominierendes Interesse: das zu schaffende Werk.
Choleriker (EAP). Großzügig, herzlich, voller Vitalität, ja Über-
schwang. Im allgemeinen gutgelaunte Optimisten; doch fehlt es ihnen oft an Geschmack und Sinn für Maß. Ihre Aktivität ist intensiv
bis fieberhaft, aber von vielfältiger Art. Sie interessieren sich für Politik, lieben das Volk, glauben an den Fortschritt, oft sind sie Revolu-
tionäre. Häufig mit rednerischen Fähigkeiten begabt und voller

121

Schwung, verstehen sie es, Menschen mitzureißen. Dominierendes Interesse: Aktivität.

Sentimentale (EnAS). Ehrgeizige, die im Stadium der Wünsche stekkenbleiben. Nachdenklich, introvertiert, schizothym. Oft melancholisch und mit sich selbst unzufrieden. Schüchtern, verletzlich, gewissenhaft, nähren sie ihr Innenleben oft durch Wiederkauen von Vergangenem. Es fällt ihnen schwer, Beziehungen zu anderen herzustellen, sie werden leicht Menschenfeinde. Linkisch, ungeschickt, ergeben sie sich oft von vornherein in ein Schicksal, dem sie ausweichen könnten. Als Individualisten haben sie viel Sinn für die Natur. Dominierendes Interesse: das Privatleben.

Nervöse (EnAP). Stark schwankende Stimmung. Sie sind bestrebt, zu verblüffen und Aufmerksamkeit zu erregen. Objektivität ist ihnen gleichgültig, sie haben das Bedürfnis, die Wirklichkeit zu verschönern, was sich in Form von dichterischem Fabulieren bis zur regelrechten Lüge äußern kann. Sie finden besonderen Gefallen am Bizarren, Makabren, Schrecklichen, ganz allgemein am «Negativen». Sie arbeiten unregelmäßig und nur, wenn es ihnen Spaß macht. Brauchen Reizmittel, um sich aus Tatenlosigkeit und Langeweile zu reißen. Unbeständig in ihren Zuneigungen, sind sie leicht zu verführen, schnell zu trösten. Dominierendes Interesse: Zerstreuung.

Phlegmatiker (nEAS). Gewohnheitsmenschen, prinzipientreu, pünktlich, objektiv, vertrauenswürdig, bedachtsam. Stimmungsmäßig ausgeglichen, im allgemeinen unerschütterlich, sind sie auch geduldig, zäh, überhaupt nicht geziert. Ihr Bürgersinn ist tief und echt, das Religiöse hat bei ihnen vor allem moralischen Charakter. Oft haben sie viel Sinn für Humor. Sie lieben die Systematik. Dominierendes Interesse: Recht und Gesetz.

Sanguiniker (nEAP). Als Extravertierte besitzen sie die Gabe der genauen Beobachtung und bemerkenswert viel praktischen Sinn. Sie lieben die Gesellschaft, in der sie sich höflich, geistreich, ironisch, skeptisch zeigen. Sie verstehen die Menschen zu nehmen und sind geschickte Diplomaten. Politisch sind sie liberal und tolerant, haben wenig Respekt vor großen Theorien, halten mehr von der praktischen Erfahrung. Sie entwickeln Initiative und viel Scharfsinn; sie

122

sind Opportunisten. Dominierendes Interesse: gesellschaftlicher Erfolg.

Apathische (nEnAS). Verschlossen, verschwiegen, in sich gekehrt, aber ohne ein lebhaftes Innenleben. Düster und schweigsam, lachen selten. Als Sklaven der Gewohnheit tendieren sie zum Konservativen. Nachtragend in ihrer Feindschaft, sind sie schwer zu versöhnen. Sie sind am wenigsten gesprächig und lieben die Einsamkeit. An geselligem Leben sind sie nicht interessiert, im allgemeinen jedoch ehrlich, aufrichtig, ehrenhaft. Dominierendes Interesse: Ruhe.

Amorphe (nEnAP). Passiv, konziliant, tolerant aus Gleichgültigkeit, doch können sie oft einen sehr zähen, passiven Starrsinn zeigen. Im ganzen zählen sie zu der Art von Menschen, von denen man zu sagen pflegt, sie seien gutmütig. Nachlässig, zur Trägheit neigend; es fehlt ihnen jeder Sinn für Pünktlichkeit. Die Vergangenheit ist ihnen noch gleichgültiger als die Zukunft. Sie sind oft musikalisch (reproduzierend) und auch schauspielerisch begabt. Dominierendes Interesse: Vergnügen.

Die ergänzenden Faktoren Bergers

«Emotionalität, Aktivität und Primär- oder Sekundärfunktion sind die drei Grundfaktoren, die die Struktur des Charakters bestimmen, sind für den Charakter, was für den Körper das Skelett ist. Doch sollte man dabei die wichtige Tatsache nicht vergessen, daß es nicht immer diese Grundfaktoren sind, auf die sich die am stärksten in Erscheinung tretenden Charakterzüge zurückführen lassen», schreibt Gaston Berger. Nehmen wir zum Beispiel jemanden, bei dem jede der drei Grunddimensionen gleichmäßig stark vertreten ist. Müssen wir daraus schließen, daß er ein ausgeglichener oder ein banaler oder aber ein nicht zu klassifizierender Typus ist? Ein Mann von 1,70 m Größe, mit 70 Kilo Gewicht und braunem Haar ist kaum unterscheidbar beschrieben, solange man nicht hinzufügt, daß er Brille und Bart trägt und eine Stülpnase hat. Ebenso ist es hier. «Wenn wir einen Menschen wirklich verstehen wollen, müssen wir konkreter werden und ergänzende Faktoren einführen.» Hier einige der ergänzenden Faktoren Bergers:

Weite des Bewußtseinsfeldes: Es gibt Menschen, die nicht mehrere Gedanken gleichzeitig und in ein und demselben Augenblick im Kopf haben können. Ihre Gedanken kreisen um einen einzigen Bewußtseinsinhalt. Ihr Bewußtseinsfeld ist eng. Bei anderen dagegen ist stets noch ein weiter Hof um das, was im Zentrum ihrer Gedanken steht – ihr Bewußtseinsfeld ist weit. Dieser Gegensatz zwischen Menschen mit «engerem» und «weiterem» Bewußtsein wirkt sich unmittelbar im täglichen Leben aus. Denn «die Menschen stoßen sich ebenso sehr aneinander wegen der Form ihres Bewußtseins wie wegen ihrer Meinungen».

Polarität: «Die Erfahrung hat es uns ermöglicht», schreibt Gaston Berger, «zwischen einem ‹Marstyp› und einem ‹Venustyp›, wie wir sie symbolhaft bezeichnen, zu unterscheiden.» Diese Mars-Venus-Polarität entspricht zum Teil der Vorstellung von männlich-weiblich: aggressiver Mann, friedfertige Frau. Doch versteht sich von selbst, daß es weibliche Marstypen und männliche Venustypen gibt. Der Marstyp sucht in allen Bereichen den Kampf, die Auseinandersetzung, die Konkurrenz, den Krach. Der Venustyp dagegen verabscheut den Kampf; er ist der geborene Vermittler.

Außer diesen beiden ergänzenden Faktoren gibt es bei Gaston Berger weitere bestimmende Tendenzen:

Begehren: Es besteht in dem mehr oder weniger ausgeprägten Wunsch, zu erwerben und zu bewahren, sei es auf materiellem oder auf intellektuellem Gebiet.

Sinneswahrnehmungen: Manche Menschen schenken dem sinnlich Wahrgenommenen große Beachtung. Für andere dagegen ist es nichts als ein Zeichen, eine Information. «Das Geräusch eines murmelnden Wassers, an dem sich der Dichter entzückt, kann für einen anderen Menschen nur ein Hinweis sein auf die Möglichkeit, seinen Durst zu löschen oder ein Bad zu nehmen.»

Liebesfähigkeit: Manche bedürfen der Zärtlichkeit in Liebe und Freundschaft. Andere dagegen kommen leicht ohne sie aus.

Wißbegier: Die so besondere Veranlagung der intellektuellen Wißbegier ist eine unter den Menschen recht ungleichmäßig verteilte Neigung.

Wie stellt man den Typus eines Menschen fest?

Die Arbeiten von Heymans, weitergeführt von Le Senne und Berger, stützen sich auf biographische und statistische Angaben. Wer jedoch den Menschen ergründen möchte, ist an einer Methode interessiert, die ihm festzustellen erlaubt, ob der Mensch, dem er sich gegenüber sieht, ein passionierter, ein sanguinischer oder ein amorpher Typus ist.

Hier kann die äußere Erscheinung nicht zur Identifizierung dienen. Zur Ermittlung des «Charakterprofils» eines Menschen muß man einen Persönlichkeits-Fragebogen zu Hilfe nehmen. Auf diesem großen Fragebogen werden die wichtigen Charakter-Komponenten durchgegangen: Emotionalität, Aktivität, Resonanz, Bewußtseinsumfang, Polarität sowie die Tendenzen des Begehrens, der Sinneswahrnehmungen, der Liebesfähigkeit und der Wißbegier. Er setzt sich aus neun Reihen von je 10 Gegensatzfragen zusammen, wobei man sich bei der Beantwortung jeweils zwischen zwei Möglichkeiten entscheiden muß. Hier ein Auszug aus dem Fragebogen von Gaston Berger:

Emotionalität. Lassen Sie sich leicht durch ein unvorhergesehenes Ereignis aus der Ruhe bringen? Schrecken Sie zusammen, wenn man Sie plötzlich ruft? Erblassen oder erröten Sie leicht? . . . . . .

Oder sind Sie schwer aus der Fassung zu bringen? . . . .

Aktivität. Lassen Sie sich leicht von Schwierigkeiten oder von einer Aufgabe, die sich als zu anstrengend erweist, entmutigen? . . . .

Oder fühlen Sie sich im Gegenteil durch Schwierigkeiten oder durch den Gedanken an die zu leistende Anstrengung angeregt? . .

Sekundäre Funktion. Stellen Sie sich vor, was Ihnen «alles passieren kann» und bereiten Sie sich sorgfältig (minutiöse Vorkehrungen gegen alle möglichen Zwischenfälle) auf solche Möglichkeiten vor? . .

Oder überlassen Sie sich der Eingebung des Augenblicks? . .

Weite des Bewußtseinsfeldes. Sind Sie von dem, was Sie tun, so stark in Anspruch genommen, daß Sie Vorgänge in Ihrer Umgebung überhaupt nicht mehr bemerken? . . . .

Oder fällt es Ihnen leicht, zu tun, was Sie zu tun haben und währenddessen weiterzuverfolgen, was in Ihrer Umgebung vor sich geht? . . . .

Polarität. Sind Sie kämpferisch? Suchen Sie den Wettbewerb, den Kampf? . . . .

Oder fürchten Sie Kampf und Auseinandersetzung? Geben Sie lieber von vornherein nach (zumindest scheinbar), als daß Sie einen Konflikt entfesseln? . . . .

Begehren. Sind Sie sehr ehrgeizig (haben Sie den starken Wunsch, Ihr Vermögen zu vermehren, Ihre Situation zu verbessern, Ihre Kenntnisse und Ihre Fähigkeiten usw. zu erweitern)? . . . .

Oder sind Sie maßvoll in Ihren derartigen Bedürfnissen, und sind Sie der Meinung, daß es die Mühe nicht lohnt, daß man sich dabei erschöpft? . . . .

Sinneswahrnehmungen. Schenken Sie Ihren Empfindungen viel Aufmerksamkeit? Haben Sie lebhaftes Interesse für die Formen, Farben und Töne an sich, die Sie wahrnehmen? . . . .

Oder ist das sinnlich Wahrnehmbare für Sie nichts als eine «Information» über die Natur der Objekte? (Zum Beispiel, interessieren Sie sich mehr für den Inhalt der gehörten Laute als für das Timbre der Stimme? Schenken Sie der Brauchbarkeit eines Gegenstandes größere Beachtung als seiner Farbe und Form usw.?) . . . .

Liebesfähigkeit. Lassen Sie sich leicht rühren vom Schicksal Ihrer Mitmenschen? . . . .

Oder bleiben Sie kühl, selbst wenn Sie bemüht sind, wirksam zu helfen? . . . .

Wißbegier. Suchen Sie oft Probleme zu lösen, die sich nicht in der Praxis verwerten lassen? . . . .

Oder sind Sie nur an konkreten Resultaten interessiert und wenden sich von einer Sache ab, wenn sie zu nichts Greifbarem führt? . . . .

Ein Charakter-Profil als Beispiel

Die Antworten, die eine Versuchsperson auf neunzig Fragen erteilt, erlauben es, sich von ihren Eigenschaften eine ziemlich eingehende Vorstellung zu machen. Die Auswertung der Antworten kann zum Beispiel folgende Formel ergeben:

Emotional – aktiv – primärfunktionierend – engeres Bewußtsein – Marstypus – begehrend – geringes Interesse an Sinneswahrnehmungen – geringe Liebesfähigkeit – wenig wißbegierig.

Was Emotionalität, Aktivität und Primärfunktion betrifft, haben wir hiermit Heymans' cholerischen Typus vor uns. Er ist großzügig, überschwenglich, heftig und insofern besonders aktiv, als er eine starke Mars-Tendenz aufweist. Er ist von einer einzigen Idee erfüllt und in der Diskussion besonders starr eigensinnig. Obwohl emotional, ist er wärmeren Gefühlen unzugänglich, und so wird ihm jedes Mittel recht sein, um seine Ideen durchzusetzen. Er hat etwas vom Sektierer an sich, das durch gewisse, seiner Emotionalität zu verdankende weichere Regungen gemäßigt wird. Will man nicht seinen Zorn auslösen, muß man sich hüten, seine Eitelkeit zu verletzen oder seine derzeitige «Marotte» zu attackieren.

Streben nach Objektivität: Faktorenanalyse bringt Mathematik ins Spiel

Die Charakterologie von Heymans und von Le Senne arbeitete kaum mit mathematischen Methoden. Und auch die Erweiterungen durch Gaston Berger basierten lediglich auf Beobachtungen. Die Beobachtungsgabe eines Psychologen ist zweifellos der des gewöhnlichen Sterblichen überlegen. Aber manche Spezialisten fanden, eine Anwendung mathematischer Verfahren könnte nicht nur größere Objektivität gewährleisten, sondern vielleicht auch über die einfache Beschreibung des Charakters hinausführen: Mit mathematischen Mitteln ließe sich eine innere Grundstruktur entdecken, die es erlauben würde, Zusammenhänge zwischen den einzelnen Charakterzügen festzustellen und sie damit auch zu erklären.

Faktorenanalyse in der Psychologie

Seitdem der englische Psychologe C. E. Spearman 1904 die mathematische Methode der Faktorenanalyse in die Psychologie einführte, hat sie bedeutende Fortschritte ermöglicht. Vor allem auf dem Gebiet der Intelligenz- und Begabungstests wurde sie von zahlreichen Forschern erfolgreich angewandt. Hier soll jedoch nur die Rede sein von ihrer Anwendung in der Charakterologie, die uns speziell interessiert. Sie ist jüngeren Datums und noch nicht allgemein verbreitet, doch hat sie bereits große Bedeutung erlangt.

Zunächst einmal – was ist das, Faktorenanalyse? Wir wollen uns hier nicht mit dem mathematischen Aspekt dieser Frage befassen, sondern lediglich versuchen, die Grundidee der Methode zu erklären.

Zwischen den Menschen bestehen Charakterunterschiede, die man, wie wir gesehen haben, mit Hilfe von Fragebogen oder Persönlichkeitstests – ihnen werden wir uns später zuwenden – zu erfassen vermag. Diese Unterschiede werden sich mehr oder weniger zufällig verteilen, doch wenn die Gruppe getesteter Personen in ihrer Zusammensetzung der Gesamtbevölkerung entspricht, werden sich die gewonnenen Werte entsprechend der berühmten Gaußschen «Glockenkurve» harmonisch um den Mittelwert verteilen (s. Abb. 16,1). Man hat z. B. die Denktiefe von 1000 Leuten getestet. Die Mehrheit der Versuchspersonen (VP) erzielte durchschnittliche Werte, extrem hohe oder extrem niedrige Werte aber wurden nur selten erreicht.

Doch genügt eine Charaktereigenschaft allein zur «Typisierung» eines Menschen nicht. Treten bestimmte Eigenschaften häufig miteinander auf, so darf man daraus schließen, daß ein Zusammenhang zwischen diesen Eigenschaften besteht. Beispiel: Es ist eines der charakteristischsten Merkmale der Introversion, daß der Introvertierte den Dingen gedanklich auf den Grund zu kommen sucht. Andererseits ist es für solche introvertierte Menschen typisch, daß sie meist unpraktisch sind. Offenbar schließt also der Begriff der Introversion eine Korrelation (Wechselbeziehung, Zusammenhang) zwischen die-

Abb. 16. Erforschung der Persönlichkeitsfaktoren mit Hilfe der Faktorenanalyse (schematische Darstellung). ▷

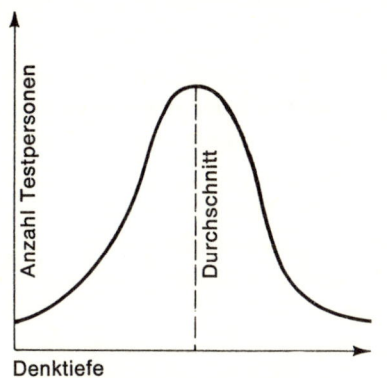

1. In einer gegebenen Population verteilen sich die Charaktereigenschaften gemäß der Gaußschen Normalkurve, z. B. die Tiefe des Denkens.

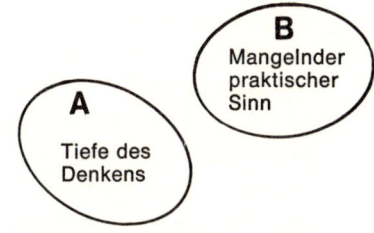

2. Zwei Charaktereigenschaften A und B...

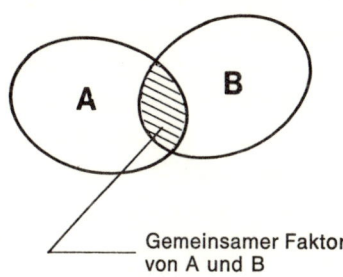

Gemeinsamer Faktor
von A und B

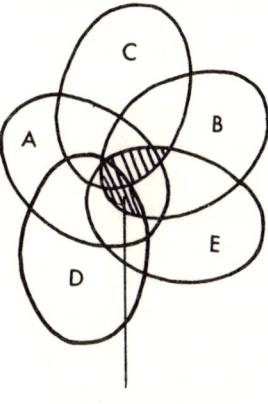

Gemeinsamer Faktor
von A, B, C, D, E

3. ...können in Korrelation zueinander stehen (einen gemeinsamen Faktor haben).

4. Dank der Interkorrelationsmatrix stellt man fest, daß A, B, C, D, E einen gemeinsamen Faktor haben.

5. Daraus könnte man den mathematischen Schluß ziehen, daß die 5 Eigenschaften
A Denktiefe
B Mangelnder praktischer Sinn
C Neigung zur Abstraktion
D Geringe Soziabilität
E Geringe Gestik
einen gemeinsamen Faktor namens Introversion haben.

6. Je mehr Oberfläche eine Eigenschaft mit den anderen Eigenschaften gemeinsam hat, desto mehr ist sie mit dem Faktor Introversion «geladen».

sen Charaktereigenschaften in sich. Solange die Existenz solcher Korrelationen aber nicht demonstriert werden kann, sehen wir unseren theoretischen Typus in einzelne Teile zerfallen. Man muß also diese Korrelationen zu errechnen suchen.

Die Korrelation stellt in diesem Zusammenhang das Ausmaß der Verbundenheit zweier oder mehrerer Charaktermerkmale dar. Es läßt sich mit Hilfe des «Korrelationskoeffizienten» zahlenmäßig ausdrücken und mathematisch errechnen.

Der Korrelationskoeffizient kann alle Werte annehmen zwischen + 1 (unbedingtes Zusammenvorkommen) über 0 (fehlender Zusammenhang, Unabhängigkeit) bis zu − 1 (ausgeschlossenes Zusammenvorkommen). Ein Beispiel: Die 1000 Leute, deren Denktiefe man untersucht hatte, wurden anschließend auf ihre praktischen Fähigkeiten hin getestet. Es zeigte sich, daß eine negative Korrelation zwischen den beiden Eigenschaften besteht, das heißt, statistisch ergab sich folgender Zusammenhang: Menschen, die tief denken, sind unpraktisch. Menschen aber, bei denen der Denkvorgang ohne Tiefe verläuft, besitzen praktischen Sinn. Hier ist der Korrelationskoeffizient positiv.

Nun gelangen wir zu der Überlegung, die für die Methode der Suche nach Faktoren bestimmend ist: Eine «Kovarianz» von zwei Verhaltensweisen, das heißt ihre Tendenz, sich gleichzeitig in der gleichen Richtung zu verändern, setzt eine gewisse Gemeinsamkeit von Faktoren der beiden Verhaltensweisen voraus. Dieser gemeinsame Faktor wird in *einer* Charakteranlage zu suchen sein, die sich in zwei Formen auswirkt: in der Tiefe des Denkens sowie im Mangel an praktischem Sinn. Vielleicht könnte man diesen gemeinsamen Faktor, diese Anlage «Introversion» nennen?

Doch man muß die Korrelationen zwischen den mit Hilfe von Fragebogen und Tests vermittelten Wesenszügen oder Charakteranlagen wesentlich vermehren. Es genügt nicht, zwei Eigenschaften zu verbinden. Nachdem man etwa zwei Dutzend Persönlichkeitszüge – aufgrund der von der VP in etwa zwei Dutzend Prüfungen und Tests erzielten Werte – erhalten hat, muß man die Korrelationskoeffizienten dieser Resultate errechnen, das heißt eine «Korrelationsmatrix» erstellen. So erhalten wir die Möglichkeit, gewisse «Grundfaktoren der Persönlichkeit» – man könnte sie auch als richtungweisende Charakteranlagen bezeichnen – zu ermitteln, indem wir die gewonnenen Korrelationen mathematisch verarbeiten, «faktorisieren».

Beispiel (vereinfacht): Die Korrelationsmatrix läßt erkennen, daß fünf Charakterzüge einen gemeinsamen Faktor haben (s. Abb. 16,4). Es sind:

- A Tiefe des Denkens
- B Mangelnder praktischer Sinn
- C Neigung zur Abstraktion
- D Geringe Soziabilität
- E Geringe Gestik

Gemeinsamer Faktor dieser fünf Eigenschaften ist ein bekannter psychologischer Grundbegriff: die Introversion. Abb. 16,4 macht deutlich, wie die gemeinsame «Fläche» der Eigenschaften zusammengesetzt ist. Das wird uns helfen, den Beitrag jeder der fünf Eigenschaften zum «Introversionsfaktor» näher zu bestimmen. Wenn eine der Eigenschaften, in diesem Fall A, einen großen Teil der Oberfläche mit anderen gemein hat, ist also ihr Beitrag bedeutender. In der Psychologensprache ausgedrückt hieße dies, die Eigenschaft A beziehungsweise die Tests, die sie «messen», sind «stark mit dem Introversionsfaktor geladen». Die Eigenschaft D zum Beispiel (geringe Soziabilität), die nur ein kleines Stück Fläche mit den anderen teilt, ist «wenig mit dem Introversionsfaktor geladen».

Nun blieb noch die Frage der Deutung der ermittelten Faktoren offen. Stand man im psychologischen Bereich tatsächlich vor Dingen, die ebenso eindeutig sind, wie beispielsweise die chemischen Formeln bestimmter Substanzen? Oder haben diese mathematischen Faktoren nur Bedeutung für die Klassifizierung der Charaktere, so wie man menschliche Wesen in kleine und große, dicke und dünne einteilt, ohne zu fragen, warum sie so sind? Über diese Fragen ist noch eine lebhafte Diskussion im Gange. Zu den Forschern, die sich besonders intensiv mit ihr befaßt haben, gehören Raymond B. Cattell, Psychologie-Professor an der Universität Illinois, und Hans J. Eysenck, Professor an der Londoner Universität. Diese beiden Forscher haben zwei sehr verschiedene Methoden zur Faktorenanalyse des Charakters entwickelt. Mit diesen beiden Zugangswegen zur Persönlichkeit befassen wir uns nun etwas näher.

Die 16 Persönlichkeits-Faktoren (PF) von Cattell

Die Faktorenanalyse ist wie der Computer ein wichtiges Instrument. Beide haben gemeinsam, daß ihre Leistungsfähigkeit von dem «Programm» abhängig ist, das man für die Ermittlung der Resultate festlegt. Cattell war sich dieser Tatsache bewußt, als er sich vornahm, die Persönlichkeit in Faktoren zu zerlegen. Dabei durften keine menschlichen Verhaltensgewohnheiten außer acht gelassen werden: Die Faktorenanalyse kann bestimmte Elemente (etwa Antworten auf Fragebogen oder Testwerte) erfassen, nicht aber solche erfinden. Deshalb griff Cattell zur Beschreibung der einzelnen Persönlichkeitszüge auf Wörter des alltäglichen Sprachgebrauchs zurück. Er sagte sich, daß die Umgangssprache für die Aufstellung eines erschöpfenden Katalogs von menschlichen Eigenschaften die beste Quelle sein mußte. So bediente er sich des 1936 erschienenen monumentalen «Psycholexikons» von Allport und Odbert, in dem 17 935 englische Ausdrücke zur Bezeichnung von Charakterzügen zusammengetragen waren.

Die Persönlichkeitssphäre: An dieser endlosen Liste nahm Cattell energische Striche zur Konzentration auf das Nötige vor. Dann wählte er speziell solche Wörter aus, die die gleiche psychologische Dimension betreffen, jedoch entgegengesetzter Bedeutung sind (sympathisch – unsympathisch, schwerblütig – leichtsinnig usw.). Diesen Gegensatzpaaren fügte er einige Eigenschaften hinzu, zu denen kein gegenteiliger Begriff gehört. Die so entstandene Zusammenstellung von 117 Wesenszügen nannte Cattell «Persönlichkeitssphäre» («personality sphere»).

Beispiele aus dieser Liste: 1. aufmerksam/unaufmerksam; 2. affektiert/natürlich; 3. gefühlsbetont/kühl; 4. ehrgeizig/nicht ehrgeizig...

Doch waren 171 Persönlichkeitszüge noch immer zuviel, um mit einer Erforschung der Persönlichkeits-Faktoren beginnen zu können. Mit Hilfe von Mitarbeitern faßte Cattell seine 171 Wesenszüge oder

Wie Raymond B. Cattell zu seinen 16 PF kam

Ausgangspunkt: Das Psycholexikon mit
17 953 Eigenschafts-Bezeichnungen
aus der englischen Umgangssprache

▽

Reduktion:
Nur noch Gruppen von gleichbedeutenden
und gegensätzlichen Begriffen

▽

Persönlichkeitssphäre:
171 Wesenszüge

▽

Neuerliche Reduktion auf 50 «clusters»
(Gruppen oder Bündel von Eigenschaften)

▽

200 Personen werden anhand der 50 «clusters» untersucht
(Tests, Fragebogen, Verhaltensbeobachtung)

▽

Korrelation zwischen den «clusters»:
FAKTORENANALYSE

▽

16 Persönlichkeits-Faktoren

▽

Entwicklung des 16-PF-Fragebogens,
aus dem sich ein

▽

PROFIL (Persönlichkeitsbild, Psychogramm)
ableiten läßt

▽

Psycho-Diagnose

Faktor A

Cyclothymie   ⟷   *Schizothymie*

gutmütig, entgegenkommend	kritiksüchtig, hochnäsig
dienstfertig, gefällig	ablehnend
Interesse für andere	kalt, gleichgültig
weich, liebenswürdig	hart
vertrauensvoll	mißtrauisch
anpassungsfähig	starr, stur
warmherzig	kühl

Faktor B

Intelligenz   ⟷   *Schwachsinn*

gewissenhaft	etwas skrupellos
ausdauernd	Mangel an Ausdauer
geistig interessiert, kultiviert	simpel, einfältig

Faktor C

Emotionelle Stabilität   ⟷   *Neigung zu Neurosen*

emotionelle Reife	erträgt Frustrationen nicht
ausgeglichenes Gemüt	schwankende Launen
ruhig, phlegmatisch	Gefühlsausbrüche
Realist	Träumer
friedlich	innerlich aufgewühlt
«starke Nerven»	extrem «schwache Nerven»

Faktor E

Vorherrschaft   ⟷   *Unterwerfung*

positiv, selbstsicher	unterwürfig
geistig unabhängig	unselbständig
hart, sittenstreng	weich, liebenswürdig
geziert würdevoll	natürlich
nonkonformistisch	konformistisch
gelassen	leicht zu beunruhigen
sucht Beachtung	selbstgenügsam

Die restlichen Faktoren führen wir nur mit ihren
Haupt-Bezeichnungen auf:

Faktor F	expansiv ←→ nicht expansiv
Faktor G	gefestigter Charakter ←→ unreifer Charakter
Faktor H	unternehmungslustige ←→ zurückgezogenes schizo- Cyclothymie thymes Temperament
Faktor I	zartbesaitet ←→ grobschlächtig
Faktor L	paranoide Schizothymie ←→ vertrauensvolle Zugänglichkeit
Faktor M	bohemehafte Unbekümmertheit ←→ konventionelle Nüchternheit
Faktor N	weltmännisch, geistig ←→ schlicht, anspruchsvoll ungeschliffen
Faktor O	ängstliches Mißtrauen ←→ ruhiges Vertrauen
Faktor Q1	radikal ←→ konservativ
Faktor Q2	freier Wille ←→ Entschlußunfähigkeit
Faktor Q3	Willensbeherrschung und Charakterfestigkeit
Faktor Q4	nervöse Spannung

Eigenschaften schließlich nach Sinnverwandtschaften in 50 Gruppen, sogenannte «clusters» oder «Bündel» zusammen. Nun fühlte er
sich in der Lage, mit der eigentlichen Untersuchung zu beginnen.
Die 16 Faktoren: Cattell bat seine Kollegen, 200 Personen auf ihren
Anteil an den 50 «clusters» hin zu untersuchen, ermittelte dann die
Korrelationen zwischen den 50 Gruppen und unterzog sie einer Faktorenanalyse, aus der er eine gewisse Anzahl von Persönlichkeits-Faktoren (PF) gewann. Um seine Untersuchung abzurunden, nahm er
noch die Antworten anderer Versuchspersonen auf Persönlichkeits-
Fragebogen hinzu.
Das rechnerische Resultat: 16 Persönlichkeits-Faktoren (PF). Die
Charakterstruktur setzte sich demnach aus 16 großen Grundachsen
zusammen, etwa so, wie die menschliche Hand 10 Finger hat oder
das Gebiß aus 32 Zähnen besteht. Diese 16 PF oder Grundeigen-

schaften («source traits») sind bipolarer Natur, d. h. sie bestehen jeweils aus einem Gegensatzpaar wie z. B. «zartbesaitet – grobschlächtig». Ein Begriff und ein Gegensatz dazu, das war nicht viel, wollte man eine Grundeigenschaft beziehungsweise einen Faktor umschreiben. Cattell nahm daher weitere Ausdrücke zu Hilfe, die mit dem jeweiligen PF stark «geladen» waren. Zum Beispiel sind folgende bipolare Eigenschaften: «gutmütig – kritiksüchtig», «dienstfertig – widersetzlich», stark «Faktor A-geladen»; Faktor A = Cyclothymie – Schizothymie.

Auf Seite 134/135 finden Sie eine frei übersetzte Liste der von Cattell auf rechnerischem Wege gefundenen 16 Persönlichkeits-Faktoren.

Der 16-PF-Fragebogen

Cattell genügte es nicht, eine Art Landkarte der menschlichen Persönlichkeit entworfen zu haben, er entwickelte zugleich auch das Instrument zur Erschließung dieser Landkarte des Menschen: den 16-PF-Fragebogen. Er enthält 187 Fragen, denen der Reihe nach seine 16 Faktoren zugrunde liegen. Jede Frage läßt sich mit «ja» oder «nein» oder unbestimmt beantworten. Zur Auswertung der Antworten bediente er sich eines Schlüssels. Ein Beispiel:

Frage 5: Ziehen Sie es vor, den Abend zu verbringen:
a. mit einer Ihrer Lieblingsbeschäftigungen
b. in beschwingter Gesellschaft
a.   unbestimmt   b.

Der Schlüssel gibt Aufschluß, daß es sich hier um eine F-Frage, den Faktor F handelt: Expansiv – nicht expansiv.

Wenn Sie mit b. antworten, erhalten Sie zwei Punkte für den Faktor F.

Wenn Sie mit «unbestimmt» antworten, erhalten Sie einen Punkt.

Wenn Sie mit a. antworten, erhalten Sie überhaupt keinen Punkt.

Nach Auswertung der 187 beantworteten Fragen entsteht ein «Profil», ein Persönlichkeitsbild, aus dem der jeweilige Anteil der 16 PF zu ersehen ist. Dieser Fragebogen ist einer der umfassendsten, die es gibt. Er findet in der Ausbildungs- und Berufsberatung, bei der Auswahl von Bewerbern (bei Industrie und Militär) und in der Psychotherapie (in der klinischen Diagnostik sowie zur Bewertung der gesundheitlichen Fortschritte der Kranken) Verwendung. Nach Cattell läßt sich aus den mit diesem Fragebogen gewonnenen Persönlichkeitsbildern («Psychogrammen») leicht ablesen, ob sie von Studenten oder von Leuten mit bestimmten Berufen oder von an Verhaltensstörungen Leidenden stammen.

Ist der 16-PF-Fragebogen tatsächlich ein absolut sicheres Mittel zur Erkenntnis des Menschen, wie Cattell meint? Vergessen wir nicht, daß seine Ergebnisse vor allem vom Grad der echten Beteiligung der Versuchspersonen, von ihrem guten Willen und ihrer Offenheit abhängen. Die Antworten auf einen solchen Fragebogen sind nur dann ernst zu nehmen, wenn sie freiwillig und unter Zusicherung von absoluter Vertraulichkeit beantwortet wurden.

Hans Eysencks zwei Dimensionen

Nach Meinung des in London tätigen Psychologen Prof. Hans J. Eysenck sind die von seinem Kollegen Cattell ermittelten Faktoren noch zu zahlreich. Eysenck ist der Ansicht, daß Cattell sich durch seine offensichtliche mathematische Virtuosität dazu habe verleiten lassen, die menschliche Persönlichkeit zu sehr in Teile zu zerlegen. Eysenck bewertet die Resultate aus Tests und Fragebogen nach einem anderen Schema. Er arbeitet mit zwei «Dimensionen» der Persönlichkeit: Erste Dimension: Introversion ⟷ Extraversion. Zweite Dimension: Emotionale Stabilität ⟷ emotionale Instabilität (Neurotizismus).

Die erste Dimension: Introversion ⟷ Extraversion

Zu seinen introvertierten und extravertierten «Typen» ist Eysenck auf anderen Wegen gelangt als Jung. Dies ist um so interessanter, als Eysencks Beschreibung sich mit der Jungs deckt:

Der typisch *Extravertierte* ist gesellig, liebt Feste, besitzt zahlreiche Freunde, empfindet das Bedürfnis, mit anderen zu sprechen, und liest oder lernt nicht gern allein. Er geht gern Risiken ein und handelt oft impulsiv. Er liebt Scherze, ist stets schlagfertig und wünscht sich häufigen Tätigkeitswechsel. Als Optimist macht er sich nicht so leicht Sorgen, ist aber oft aggressiv und gerät schnell in Zorn. Im allgemeinen hat er nicht immer genug Selbstbeherrschung und ist nicht unbedingt vertrauenswürdig.

Der typische *Introvertierte* ist ruhig, zurückhaltend, in sich gekehrt. Er hat Bücher lieber als Leute. Er ist reserviert und hält Distanz, außer sehr guten Freunden gegenüber. Er drängt sich nicht nach vorn und mißtraut plötzlichen Eingebungen. Er vermeidet Aufregungen, erledigt eins nach dem anderen und ist bestrebt, ein wohlgeordnetes Leben zu führen. Er zeigt seine Gefühle nicht, ist selten aggressiv und gerät nicht leicht in Zorn. Er ist vertrauenswürdig, etwas pessimistisch; moralischen Werten mißt er große Bedeutung bei.

Die zweite Dimension: Emotionale Stabilität ←→ Emotionale Instabilität

Die zweite Dimension der Persönlichkeit hat Eysenck etwa folgendermaßen beschrieben: An ihrem einen äußersten Ende steht die «emotionale Stabilität». Wer über einen starken Anteil daran verfügt, ist gefestigt, ruhig, gelassen, schwer aus der Fassung zu bringen und vertrauenswürdig. Am anderen äußersten Ende findet sich die «emotionale Instabilität», die von Eysenck häufig «Neurotizismus» genannt wird. Ein Mensch, bei dem er stark ausgeprägt ist, läßt sich leicht aus der Fassung bringen, ist launisch, empfindlich und ängstlich.

Das «große Rad»

Eysenck läßt nun diese beiden «Dimensionen» sich rechtwinklig schneiden und schlägt eine bildliche Darstellung der Charaktereigenschaften in Form eines viergeteilten Rades vor. Dessen vier Teile entsprechen den vier Temperamenten des Altertums – melancholisch, cholerisch, phlegmatisch, sanguinisch (s. Abb. 17). Eysenck hat in seinen Büchern und Aufsätzen viele Beispiele für die

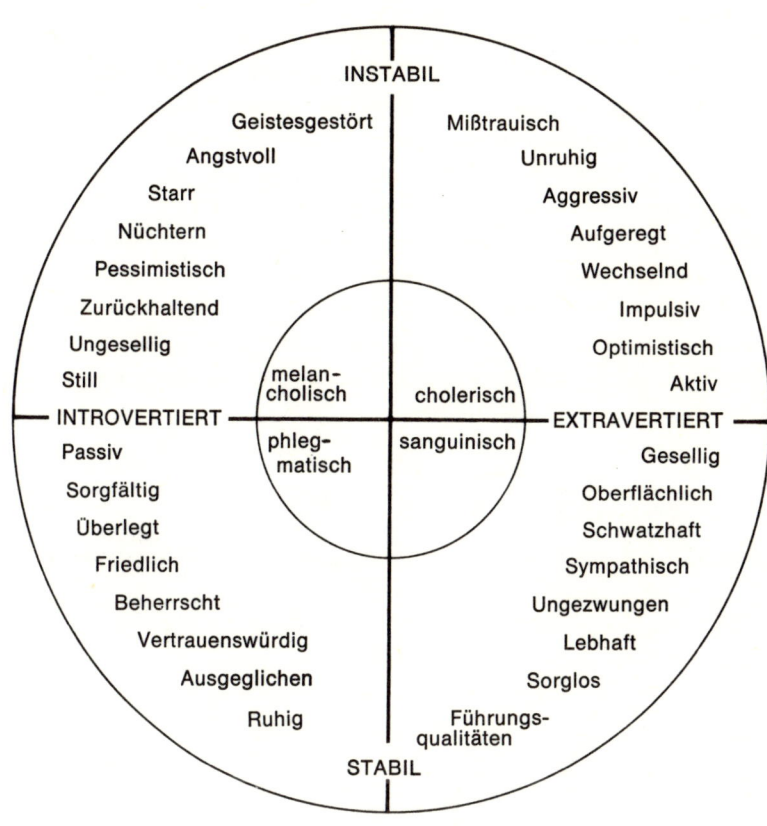

Abb. 17. Die charakterologische «Windrose» nach Eysenck («Nature», 14.9.1963).
Im inneren Kreis die vier «Temperamente» von Hippokrates und Galen. Der äußere Kreis enthält die Resultate der Faktorenanalyse der Korrelationen zwischen den Charakterzügen. Die Achsen bezeichnen die beiden Grunddimensionen mit ihren äußersten Enden, den «Superfaktoren» – extravertiert und introvertiert einerseits und stabil und instabil andererseits. Zwischen den Achsen sind die Faktorenschattierungen eingezeichnet.
(Nach dem Französischen übersetzt. D. Ü.)

Anwendung der von ihm vorgeschlagenen Theorie von den zwei Persönlichkeitsdimensionen veröffentlicht. Als an einer psychiatrischen Klinik tätiger Arzt war er speziell an der Erforschung und Identifikation von Verhaltensstörungen interessiert. Er arbeitete mit verschiedenen Arten von Fragebogen, vor allem auch mit dem im vorhergehenden Abschnitt beschriebenen von Cattell.

Ein Beispiel dafür, wie nach Eysenck die Resultate von Reihenuntersuchungen bildlich dargestellt werden, zeigt Abbildung 18. Es waren zahlreiche «schwierige» Kinder untersucht worden – daher geht es um Eigenschaften, die sich im oberen Bereich des «Rades» befinden: Die Darstellung steht gewissermaßen auf der mittleren Querachse

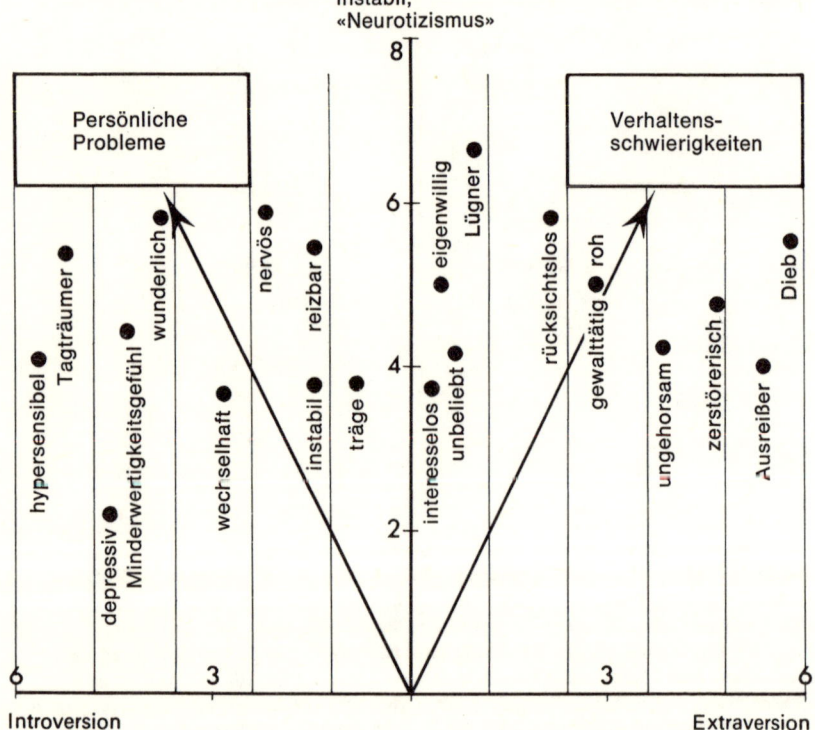

Abb. 18.

(«introvertiert ⟷ extravertiert»). «Das *extravertierte neurotische Kind*», schreibt Eysenck dazu, «flucht, hat ständig Prügeleien, ist widerspenstig, lügnerisch, zerstörerisch, roh und gewalttätig. Das *introvertierte neurotische Kind* dagegen ist sehr empfindlich, depressiv, verschlossen. Es leidet an einem Minderwertigkeitskomplex, ist verwirrt und zu klarem Denken nicht fähig.»

Ein beunruhigender Widerspruch

Die Arbeiten von Eysenck sind wie die von Cattell sehr interessant. Trotzdem wird der Leser sich gefragt haben, wie man bei Anwendung ein und derselben mathematischen Methode, der Faktorenanalyse, zu verschiedenen Resultaten gelangen kann. Für Cattell gibt es die 16 Faktoren, für Eysenck die 2 Dimensionen. Wenn man in der Faktorenanalyse lediglich ein besonders anspruchsvolles Verfahren zur Beschreibung von Resultaten sieht, ist der Widerspruch nicht sonderlich schwerwiegend: Es geht einfach um zwei verschiedene Arten der Beschreibung der menschlichen Natur. Die Aussage, daß der Mensch 10 Finger zum Greifen besitzt, steht nicht im Widerspruch zu der, daß der Mensch zwei Hände hat. Nur die Umschreibung, der Blickwinkel ist verschieden.

Ist man jedoch der Meinung, ein Verfahren nach der Faktorenanalyse könne zur Entdeckung der wahren «Natur» der Persönlichkeits-Faktoren führen und infolgedessen käme außer ihm nichts anderes in Frage, erhält der Widerspruch zwischen Cattell und Eysenck Gewicht. Beide haben lange «ihre» Faktoren nachdrücklich als allein richtig verteidigt. Inzwischen haben sie aber offenbar ihre Haltung etwas gemildert.

Es gibt übrigens noch einen anderen Grund, an der Gültigkeit des Verfahrens zu zweifeln: Zu oft ist das als Ausgangsbasis benutzte Dokument der Fragebogen, auf dessen Grenzen verschiedene Autoren eindringlich verwiesen haben. Doch haben die «Faktoralisten» auch von Persönlichkeitstests Gebrauch gemacht, bei denen man nicht zwangsläufig auf den guten Willen und die Ehrlichkeit der Testperson angewiesen ist. Die bekanntesten dieser Tests werden wir uns im nächsten Kapitel näher ansehen.

Der dritte Weg:
Projektions-Tests

Verstehen Sie zu träumen?

Hier sehen Sie die Reproduktion eines Bildes, das eine rätselhafte
Szene darstellt. Die Umrisse von Personen und Objekten sind unbe-
stimmbar, das Ganze wirkt ein wenig irreal, man könnte sagen, fast
wie im Traum. Setzen Sie sich hin und betrachten Sie dieses Bild in
aller Ruhe.

Was genau sehen Sie?

An was müssen Sie dabei denken?

Notieren Sie es spontan auf dem freien Raum der folgenden Seite
oder auf einem Zettel, und lassen Sie dabei Ihren kritischen Verstand
möglichst aus dem Spiel. Überlassen Sie sich dem, was Sie sehen –
dem, was Sie sich vorstellen.

Nun bitten Sie ein paar Leute in Ihrer Umgebung, sich dem gleichen
Experiment zu unterziehen. Sie werden überrascht sein, wie jeder das
Bild anders interpretiert – auch anders als Sie. Auf die einen wird es
friedlich wirken, auf andere beunruhigend; einige werden viele Details erkennen, andere Schilderungen werden dürftig sein.

Unser aller Augen sehen dieselbe Sache, doch wahrnehmen tut sie
unser Gehirn, das sich auf seine Weise eine Vorstellung bildet, je
nach unserem Denken, unseren Wünschen, unserer Geschichte und
unserer augenblicklichen Stimmung.

«Sage mir, was du siehst, und ich sage dir, wer du bist.» Dies ist sozusagen die Devise der «Projektions-Tests», denen wir uns jetzt zuwenden. Die Übung an dem Bild war nur dazu bestimmt, Sie als Beispiel
mit dem Sinn, dem Zweck und der Tragweite dieses Mittels zur Erkenntnis des anderen vertraut zu machen.

Abb. 19.

Was heißt «Projektion»?

Der Persönlichkeits-Fragebogen appellierte an das Bewußtsein der Testperson. Wollte man beispielsweise Aufschluß über ihre Emotionalität erhalten, wurde sie gefragt: «Geraten Sie beim Anblick von Blut aus der Fassung?» Es lag also beim Befragten, uns selbst durch eigene Anstrengung bestimmte Bewußtseinselemente zu liefern. Wir haben gesehen, daß diese Methode ihre Vorzüge, aber auch ihre Grenzen hat.

Die Methoden, die wir jetzt beschreiben werden, machen sich das unbewußte Verhalten des Individuums zunutze. Dem Prinzip nach psychoanalytischen Ursprungs, bedienen sie sich eines unbewußten «Abwehrmechanismus des menschlichen Ichs», wie Freud es nannte: der «Projektion». Im «Vocabulaire de Psychanalyse» von Laplanche und Pontalis (Paris 1967) wird Projektion wie folgt definiert: «Ein Vorgang, bei dem eine Person anderen Reizpersonen oder Dingen eigene Fehler, Affekte und Wünsche zuschreibt, die sie sich selbst nicht eingestehen mag.» Mit anderen Worten, diese Form der Ich-Abwehr, bei der das Ich ihm unerträgliche Gedanken nach außen projiziert, wirkt sich bei jedem Menschen auf seine Wahrnehmung der ihn umgebenden Dinge aus. Solche Wahrnehmungs-Verzerrungen durch geeignete Methoden aufzudecken, ist infolgedessen sehr wertvoll, wenn es darum geht, jemand «zutiefst» zu durchschauen.

Die Idee des Projektions-Tests läßt sich auf Alfred Binet, den Erfinder der ersten Intelligenz-Tests, zurückführen, der schon 1905 versuchte, mit Hilfe von Tintenklecksbildern die Vorstellungskraft von Kindern zu erforschen. Erst 1939, als verschiedene derartige Testverfahren bereits existierten, fand L. K. Frank den Ausdruck «Projektions-Test» und definierte ihn als «Methode, welche die Persönlichkeit dadurch untersucht, daß sie die Versuchsperson (VP) einer Situation gegenüberstellt, auf welche die VP entsprechend der Bedeutung reagiert, die diese Situation für sie besitzt (und nicht der, die der untersuchende Psychologe ihr gibt)... Das Wesen eines Projektions-Verfahrens liegt darin, daß es etwas hervorruft, was – auf verschiedene Art – Ausdruck der Eigenwelt, des Persönlichkeitspro-

144

zesses der VP ist» («Handbuch der Psychologie», Bd. 6, Göttingen 1948). Dies bedeutet, daß unter den gegebenen Bedingungen die Reaktion (Deutung) ausschließlich eine Funktion der Persönlichkeit ist. Projektions-Tests zielen auf die Erfassung der Gesamtpersönlichkeit ab. Bei diesen Prüfungen kann es keine feststehenden Standardantworten geben; jeder Mensch reagiert auf eigene Weise. Daher bedarf es hier äußerst feiner und nuancierter statistischer Messungsmethoden. Heute gibt es sehr viele Projektions-Verfahren und eine sehr umfangreiche wissenschaftliche Literatur dazu. Die Praktiker ließen ihrem Einfallsreichtum auf diesem weiten Feld freien Lauf. Man erfand immer neue Prüfungsmittel, um die Menschen zu Projektionen zu provozieren: Von Tintenklecksbildern abgesehen, benutzt man Bilder mit absichtlich unklar gehaltener gegenständlicher Darstellung oder rätselhaftem Inhalt, Wortassoziationen und anderes mehr. Einige Projektions-Tests sind besonders bekannt; wir wollen uns davon Beispiele ansehen.

Der Tintenklecks-Test von Rorschach

Hermann Rorschach, 1884 in Zürich geboren, war als Arzt, Psychiater und Psychologe an einer psychiatrischen Klinik tätig. Für die Entwicklung und Ausarbeitung seiner Testmethode brauchte er annähernd zehn Jahre. Er war Schüler von Bleuler und besonders an Jungs Gedankengängen sehr interessiert. Darüber hinaus besaß Rorschach auch malerische Begabung. Zudem neigte er zum Experimentieren und legte auf Objektivität großen Wert – alles in allem war er eine in einzigartiger Weise kreative Natur.
Diese verschiedenen Gaben führten ihn zu dem Einfall, die freie Assoziation als Instrument zu nutzen, mit dem man in die Tiefen der Persönlichkeit vorzudringen vermochte. Der Klecksbild-Test wird von Rorschach in seinem 1921 in Bern erschienenen Werk «Psychodiagnostik» in allen Einzelheiten erläutert. Es war das erste Buch dieses Autors, aber auch sein letztes, denn er starb schon 1922 im Alter von erst 38 Jahren.

Worin besteht dieser Test?

«Das Experiment», schrieb Rorschach in dem erwähnten Werk, «besteht im Deutenlassen von Zufallsformen, d. h. von unbestimmt geformten Figuren... Die Herstellung solcher Zufallsbilder ist sehr einfach: Einige große Kleckse werden auf ein Blatt Papier geworfen, dieses wird einmal gefaltet und der Klecks zwischen den Blättern verstrichen. Indessen ist lange nicht jedes so erhaltene Bild verwendbar; die Verwendbarkeit ist vielmehr an einige Bedingungen geknüpft. Einmal müssen die Formen relativ einfach sein; komplizierte Bilder erschweren die Berechnung der Versuchsfaktoren viel zu sehr. Ferner muß die Verteilung der Kleckse im Raum der Tafel gewisse Bedingungen der Raumrhythmik erfüllen: Ist dies nicht der Fall, so fehlt den Tafeln das Bildhafte, und die Folge ist, daß zahlreiche Versuchspersonen die Bilder als ‹einfache Kleckse› ablehnen, ohne sich auf Deutungen einzulassen.»

Die Testbilder bestehen aus 10 Tintenklecksverdoppelungen, die auf kartonierte Tafeln aufgezogen wurden. Fünf davon sind schwarz,

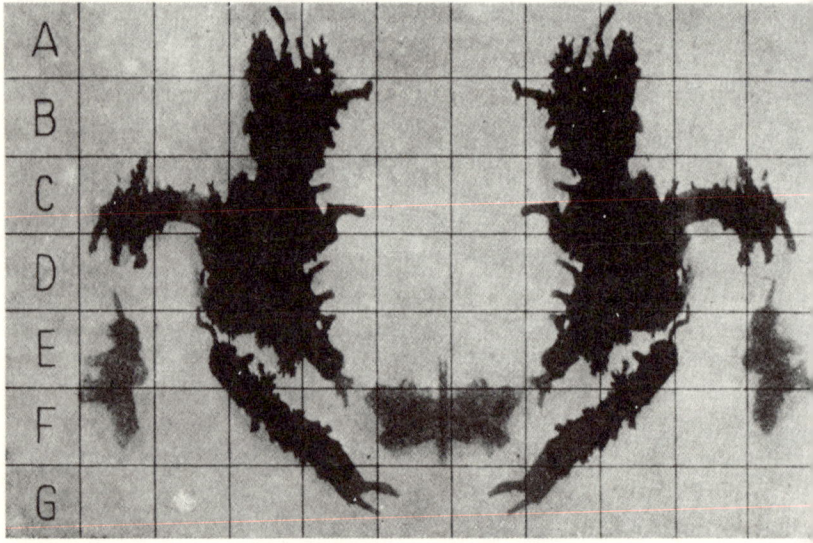

Abb. 20.

zwei rot und schwarz und drei mehrfarbig. Auf Abbildung 20 sehen Sie ein solches Tintenklecksbild (das übrigens Teil eines verkürzten, auch für Gruppenuntersuchungen anwendbaren Verfahrens ist, das später von Hans Zulliger als Z-Test im Verlag Hans Huber, Bern, herausgegeben wurde).

Wie geht der Test vor sich?
Der Rorschach-Test wird an der Einzelperson vorgenommen, sie befindet sich mit dem Psychologen allein in einem ruhigen Zimmer. Für die Ergiebigkeit des Tests ist es von Vorteil, wenn zwischen Untersucher und Testperson ein guter Kontakt, ein Klima des Vertrauens hergestellt wird, da es den Prüfling kooperativer und entspannter sein läßt. Der Untersuchende beobachtet die Testperson, während sich diese jeweils nur ein Klecksbild auf einmal ansieht.
Notwendig ist, daß der Psychologe eine Aufgabe stellt, die aber im Gegensatz zu solchen Tests, mit denen man Fähigkeiten «mißt», nicht standardisiert ist. Der Untersuchende sagt etwa: «In den Tintenklecksen, die ich Ihnen jetzt zeigen werde, kann man die verschiedensten Dinge sehen. Sagen Sie mir, was dies sein könnte und an was Sie dabei denken müssen.» Daraufhin schildert die Testperson Assoziationen und Deutungen, die ihr beim Anblick der jeweiligen Tafeln in den Sinn kommen. Eine Zeit ist nicht dafür festgesetzt. Die Person darf die Tafel nach Belieben drehen und wenden. Der Psychologe seinerseits muß alles vermeiden, was den Prüfling beeinflussen könnte, und wenn dieser Fragen stellt, muß er neutral darauf antworten und sich vor Suggestivantworten hüten. Während die Testperson der Reihe nach die 10 Klecksbilder betrachtet, protokolliert der Untersucher jede Einzelheit ihrer Aussage, die Zahl der Deutungen wie auch die dafür benötigte Zeit. Er bedient sich einer abgekürzten Sprache, die er später auch bei der Auswertung der Ergebnisse gebraucht. Hat die Testperson ihre Aufgabe beendet, geht der Untersucher alle Antworten noch einmal mit ihr durch und bittet sie, sich zu diesem oder jenem Punkt genauer zu äußern.

Wie wird der Test ausgewertet?

Das Testprotokoll, d. h. die Zusammenfassung aller Antworten läßt sich in Teile gliedern. Es gibt ein klassisches Schema für die Auswertung der Antworten, wobei aber eine Bewertung jeder einzelnen Antwort durch den Psychologen notwendig bleibt. Nur ein geübter, gut ausgebildeter Psychologe vermag ein befriedigendes Rorschach-Protokoll zu erstellen. Hier das Schema:

● *1. Lokalisierung.* Auf welchen Teil des Tintenkleckses bezieht sich die Antwort der Testperson? Die erste Antwort kann die ganze Form betreffen. Nehmen wir das in Abb. 20 gezeigte Klecksbild als Beispiel. Lautet die Antwort: «Zwei tanzende Figuren, die sich an der Hand halten», ist dies eine die ganze Form betreffende *Ganzantwort* (G).

Die Testperson kann später oder auch von vornherein auf Einzelheiten des Bildes eingehen oder nur ein frappantes Detail davon sehen *(Detailantwort,* abgekürzt: D): «Unten, zwischen den Tanzenden, sehe ich einen Schmetterling.» Ferner kann sie einem der kleinsten Bilddetails Aufmerksamkeit schenken (Dd). Beispiel: «Die Figur rechts hat einen Teufelsfuß, und ein Finger ist kürzer als die anderen.»

Dann gibt es noch die Fälle, in denen nicht die schwarze beziehungsweise farbige Figur erfaßt wird, sondern die zwischen den Figuren ausgesparten weißen Zwischenräume. Dies nennt man die *«Zwischenformen»* (DZw). Beispiel: «Zwischen den beiden großen schwarzen Flecken sehe ich die Zacken eines exotischen Baumblattes.»

● *2. Determinante.* Wie wurde der Klecks wahrgenommen, welches Element hat die Antwort provoziert und den Inhalt bestimmt? Man unterscheidet drei mögliche Determinanten: Form, Bewegung und Farbe.

Form: Bei den meisten «Formantworten» – sie werden mit F bezeichnet – wird das gesehene Objekt nicht als bewegte, sondern als unbewegte Form «gesehen». Am Beispiel unserer Abbildung: «Der kleine Schmetterling da unten hat ausgebreitete Flügel.» Diese «Formantworten» können von zweierlei Art sein: sie werden als *«gute Formen»* (F +) oder *«schlechte Formen»* (F −) bezeichnet. Die «guten» Formen

148

sind die von Testpersonen erfahrungsgemäß am häufigsten «gesehenen». Sieht man einen Schmetterling zwischen den Figuren auf unserer Abbildung, so ist das eine «gute» Form. Sieht man etwas Ausgefallenes, selten «Gesehenes», beispielsweise ein Rennauto anstelle des Schmetterlings, so ist das eine «schlechte» Form. Trotz der statistisch festgelegten Normbreite verbleibt bei der Beurteilung dessen, was besser oder schlechter als die «guten» Normantworten ist, der subjektiven Meinung des Untersuchers noch einiger Spielraum, doch läßt sich hier dennoch verhältnismäßig sicher entscheiden. Es gibt Listen dieser «guten Formen», auf die der Psychologe zurückgreifen kann.

Bewegung: Bei den Bewegungsantworten stellen sich die Prüflinge das gedeutete Objekt in Bewegung vor. Diese Bewegung projiziert der Geist des Betrachters, der auf die Antwort bestimmenden Einfluß hat. Er kann bewegte menschliche Wesen sehen, «zwei Männlein, die tanzen», ebenso auch Tiere. Die Bewegungsantworten werden mit B bezeichnet.

– *Farbe:* Bei der Farbantwort (Fb) wird die Deutung von der Farbe des Kleckses ohne wesentliche Rücksicht auf Form oder Bewegung bestimmt. Im Rorschach-Test wird nicht sofort Farbe angewendet. Wenn dann nach den Schwarz-Weiß-Tafeln eine farbige erscheint, provoziert der Anblick von Farbe bisweilen heftige Reaktionen beim Probanden: Rorschach spricht in solchen Fällen von einem «Farbenschock».

● *3. Inhalt.* Welche Arten von Objekten werden gesehen? Man pflegt die Inhalte in verschiedene Kategorien einzureihen, hauptsächlich in folgende: Tiere, Anatomie, Mensch, Pflanze, Feuer, Masken, Sex, Landschaft, Landkarte usw. Für die Deutung des Inhalts spielen auch Originalität sowie Einfallsreichtum oder -armut eine Rolle.

Wie wird das Testergebnis gedeutet?

Vor allem muß jede einzelne Antwort im Zusammenhang mit der Gesamtheit aller Testantworten beurteilt werden. Indes ist es schon seit Rorschach üblich, Form, Bewegung, Farbe, Inhaltsreichtum oder -armut bestimmten Bereichen des Innenlebens zuzuordnen.

● *1. Lokalisierende Antworten.* Sie werden mit der intellektuellen Aktivität in Zusammenhang gebracht. Viele Ganzantworten lassen auf einen synthetischen Geist schließen. Werden aber nur Ganzantworten gegeben, zeigt dies einen allzu systematischen oder, was schlimmer ist, einen dürftigen oder gar debilen Geist an.

Josef Cohen berichtet (in «Personality Assessment», Chicago 1969), daß ein Durchschnittsmensch rund dreißig Antworten zum Rorschach-Test gibt, davon sieben Ganzantworten, zwanzig zu wichtigen Details und drei zu Kleinst-Details.

Überwiegt die Anzahl der Detailantworten, hat man jemand mit vorwiegend praktischen Interessen vor sich, die Testperson neigt mehr zum praktischen als zum synthetischen Denken.

Überwiegen kleinste Bilddetails betreffende Deutungen, so wird man daraus schließen können, daß die Intelligenz der Testperson auf eine minutiöse Beobachtung der Dinge gerichtet ist. Und ist die Zahl der Kleinst-Details betreffenden Antworten wirklich sehr groß, hat man einen allzu exakten, ängstlichen Menschen vor sich, der aus der Wirklichkeit ins Detail flüchtet.

Eine ganz andere Bedeutung schreibt man den Antworten derjenigen zu, die den Formen des weißen Grundes ihre Aufmerksamkeit schenken, die Zwischenräume deuten und nicht die Formen der Kleckse; es handelt sich zwar um originale Denker, aber auch um unentschlossene, von einem starken Widerspruchsgeist erfüllte Menschen.

Selbstverständlich verfügt jemand über eine bessere Wahrnehmung der Realität, wenn er sowohl Ganzantworten als auch Detailantworten gibt, zunächst den Tintenfleck als Ganzes betrachtet und erst dann auf die Details eingeht. Ein gut organisiertes Denken wird sich immer zuerst einen Überblick über das Ganze verschaffen, ehe es sich den Details zuwendet.

● *2. Determinierende Antworten.* Diese Antworten müssen noch gegeneinander abgewogen werden. Überwiegt bei den Antworten die Zahl der «guten» die der «schlechten» Formen, so verfügt der Betreffende über eine gute Anpassungsfähigkeit an die realen Verhältnisse, ist wach und aufmerksam, das Gehirn funktioniert normal. Ein

Überwiegen von «schlechten» Formen kann ein Indiz für Fehlein-
schätzung der Wirklichkeit, sogar von gestörtem seelischem Gleichgewicht sein. Ein hoher Prozentsatz von «schlechten» Formen weist
auf eine schwerwiegende psychische Störung oder zumindest auf
mangelnde soziale Anpassung hin.

Was haben *Bewegungsantworten* zu bedeuten? Hier wirken sich nicht
mehr die Denkstrukturen, sondern viel tiefer liegende, viel stärker
unbewußte Ursachen aus. Rorschach sieht im Bewegungssehen den
Ausdruck starker Wunschempfindungen. Samuel J. Beck meint in
einem Aufsatz über den Rorschach-Test (in «Techniques projecti-
ves», Paris 1965), die Bewegungsantwort lasse die starke innere Inan-
spruchnahme durch eine Idee oder eine Tätigkeit erkennen, sei es,
daß die Person sich zutiefst etwas wünscht oder daß sie im Gegenteil
etwas unter allen Umständen vermeiden will. Es könne sich dabei
um verinnerlichte Emotionen handeln, die die ursprünglichsten Regungen der Person offenbaren. Das ist vor allem bei Bewegungsantworten der Fall, die Tiere betreffen («Ich sehe zwei tanzende Bä-
ren...»). «Die besondere Bedeutung von Bewegungsantworten, die
sich auf Tiere beziehen, besteht darin, daß sie eine sehr dichte Ab-
schirmung des Ich gegen Triebwünsche erkennen lassen. Das proji-
zierte Phantasiebild ist so geartet, daß die Testperson es gut verklei-
den und vom Bewußtsein fernhalten muß – daher die Tierfiguren»,
schreibt Beck.

Was haben *Farbantworten* wie «ein Blutfleck», «ein gelber Schmetterling», «ein schwarzes Loch», «ein grüner Vorhang» zu bedeuten? Sie
sind Anzeichen für emotionelle Reaktionen, die nach außen verla-
gert werden. Zu viele Farbantworten sind ein Anzeichen für eine geringe oder unzureichende Beherrschung der Affektivität. Neurotisch
anfällige Personen geraten oft, wenn in der Reihe der Testbilder
nach den schwarzweißen das erste mit Farbe auftaucht, aus der Fassung oder ins Stocken, es kommt zum bereits erwähnten «Farbenschock». Zu häufige Farbwahrnehmung kann ein Indiz für Aggressivität sein, vor allem bei Antworten wie «ein buntes Feuerwerk» oder
«ein roter Vulkan bricht aus» usw. Reagiert jemand gar nicht auf die
Farben, läßt das auf einen nüchternen und trockenen Menschen

schließen – zu oft läßt er die Vernunft anstelle des Herzens sprechen. Hier als Beispiel eine Interpretations-Tabelle aus Rorschachs Werk «Psychodiagnostik» zum Verhältnis Bewegungssehen – Farbsehen:

Wo die Bewegungsantworten (B) überwiegen:
  Differenziertere Intelligenz
  Mehr Eigenproduktivität
  Mehr Leben nach innen
  Stabilisiertere Affektivität
  Weniger Anpassungsfähigkeit an die Realität
  Mehr intensiver als extensiver Rapport
  Gemessene, stabilisiertere Motilität
  Linkisches Wesen, Ungeschicktheit
Wo die Farbantworten (Fb) überwiegen:
  Stereotypisierte Intelligenz
  Mehr Reproduktivität
  Mehr Leben nach außen
  Labile Affektivität
  Mehr Anpassungsfähigkeit an die Realität
  Mehr extensiver als intensiver Rapport
  Erregte, labile Motilität
  Gewandtheit und Geschicklichkeit

● *3. Den Inhalt betreffende Antworten.* Selbstverständlich sollten Form, Bewegung und Farbe je nach ihrer Funktion für den Inhalt gedeutet werden: Wenn auf die Aufgabe, das in Abb. 20 reproduzierte Testbild zu interpretieren, die Antwort erfolgt: «Eine Maske aus Seide mit zwei Öffnungen für die Augen», oder: «Ein ausgebreiteter Schmetterling», so sind das beides Detailantworten. Doch inhaltlich sind sie völlig verschieden. Welche Schlüsse läßt die Inhaltsdeutung der Testperson zu? Wenn jemand nahezu bei jeder Testaufgabe die gleiche Art von Objekten sieht, zum Beispiel immer nur Masken oder Schmetterlinge oder Landkarten, so läßt das auf Mangel an Interessen, innere Armut und stereotypes Verhalten schließen.

Auch auf dem Gebiet der [...]
schach-Test recht gut zu [...]
Intelligenztests an Kinder[...]
thode von Binet-Simon v[...]
schach-Tests wurden dabe[...]
Weitere Untersuchungen [...]
die Beurteilung der Pers[...]
emotionellen Faktoren zu [...]
friedigend. Rorschach hat [...]
te, ganz besonderes Gewi[...]
Verhältnis von

$$\frac{B}{Fb} \quad \text{das heißt} \quad \frac{An}{}$$

Mehr B-Zahlen sind nach [...]
«Verinnerlichung», mehr [...]
«Veräußerlichung» von E[...]
vielfache Untersuchungen [...]
weis, daß Rorschachs Fo[...]
währt. Der Rorschach-Te[...]
son.

Man hat sich nun folgend [...]
lichkeit künstlich veränd[...]
Testantworten?» Wenn ja [...]
Gültigkeit der Rorschach-[...]
ausführen, die unter Hyp[...]
und gelangte zu interessa[...]
Test vier Rorschach-Prot[...]
Wachzustand, drei andere [...]
riert hatte, sie sei sie sell[...]
Madame Curie, und zule[...]
schen den verschiedenen [...]
nis-Unterschiede festzust[...]
weiteres mit der Identifik[...]
bringen. Auffallende Ver[...]
haltsdeutungen festgestell[...]

Was die Art der wahrgenommenen Objekte betrifft, so geben sie in symbolischer Form Aufschluß über das, was die Versuchsperson innerlich beschäftigt. Hier muß das Können des Psychologen einsetzen. Manche Antworten sind relativ leicht zu interpretieren: Man muß kein Weiser sein, um zu vermuten, daß jemand, für den so gut wie auf jedem Bild etwas Sexuelles vorkommt, stark an den Freuden des Fleisches interessiert ist. Doch bleibt auch hier noch zu differenzieren. Im allgemeinen haben die Antworten stark symbolischen Charakter und lassen sich nach den Regeln der Psychoanalyse interpretieren, nicht viel anders, als man bei der Traumdeutung vorgeht. Darüber hinaus messen manche Testspezialisten auch den verschiedenen Testbildern selbst symbolische Bedeutungen bei. So werden von Mireille Monod (in «Le Symbolysme des planches...», «Bulletin de psychologie», Paris 30.11.1963) die Klecksbilder der Tafel II mit «mütterlich», der Tafel IV mit «väterlich» gleichgesetzt, während die Tafeln VI und VII Männliches und Weibliches anklingen lassen und das Verhältnis der Testperson zum eigenen oder zum anderen Geschlecht im Augenblick des Tests widerspiegeln.

Welchen Wert hat der Test?
Auch der Rorschach-Test muß, wie jeder andere Test, zuverlässig und gültig sein. Daher haben verschiedene Autoren den Versuch unternommen, seine Verläßlichkeit und Gültigkeit zu messen.
Verläßlichkeit: Haben die Antworten, die eine Testperson an einem bestimmten Tag gibt, eine echte Bedeutung? Oder sind sie nur der flüchtige Ausdruck ihrer Laune oder von Eindrücken aufgrund äußerer Einwirkungen in den vorangegangenen Tagen? Hier ein Beispiel, bei dem ich Zeuge war: Ein junges Mädchen, dem Äußeren nach gefaßt und ruhig, nahm an einer Auswahlprüfung für eine Stelle als Hostess bei einer bekannten Firma teil. Nach ihrem Rorschach-Test-Ergebnis mußte sie aggressiv und gefühlsmäßig wenig beherrscht sein, denn in den meisten Klecksbildern hatte die Kandidatin nur bunte Explosionen, farbiges Feuerwerk und ähnliches gesehen. Das Ergebnis des Rorschach-Tests stand im Widerspruch zu den übrigen Untersuchungsergebnissen. Der verblüffte Psychologe

interviewte sie, wie ü
ermitteln. Schließlich
Abend zuvor einen F
ihrem inneren Auge
men von Feuer und
eine relative Verläßli
Rorschach-Test betri
Mädchen ein Jahr s
Tintenklecksen in ihn
Wie jedoch aus den vi
geht, darf man diese
Durchschnitt erbring
nisse: Leute, die mar
Rorschach-Test unter
sultate wie beim erste
Retest bezeichnet.
Gültigkeit: Es reicht
Meß-Wiederholung
wissen, ob diese Antw
ne Anhänger und N
diesbezügliche Studi
fentlicht. Sie verglic
mittelten diagnostisc
nommenen Rorschac
eine vollkommene Ü
Studie wurde («Amer
an 26 «Problemkinde
ziehung eingeliefert
die Klinik bestand
schach-Test und psy
bei einem wiederholt
gutachtung, wurde ei
ist zu bemerken, daß
Prozentsatzes auf Se
kann offenbar die Ro

West beziehungsweise Madame Curie hielten. Doch es versteht sich, daß ein solches Experiment noch durch andere Beobachtungen ergänzt werden müßte.

Alles in allem scheint der Rorschach-Test seine weite Verbreitung zu verdienen. Mag er auch für die Psychiatrie besser geeignet sein als für die Anwendung an Gesunden, sind seine Ergebnisse dennoch stets aufschlußreich – freilich vorausgesetzt, daß man ihm eine gewisse Relativität zubilligt. Und, wichtiger noch, er sollte nur von erfahrenen Psychologen vorgenommen werden, die die Feinheiten seiner komplexen Methodik beherrschen.

Der Bildertest von Murray (T.A.T.)

Henry Alexander Murray, 1893 in New York geboren, Psychologie-Professor an der Universität Harvard, Gründer eines Instituts für Psychoanalyse in Boston, erfand einen nach ihm benannten Bildertest, den «Thematic Apperception Test», der im psychologischen Sprachgebrauch auf seine Anfangsbuchstaben T.A.T. abgekürzt wird. Die letzte Fassung des Tests stammt aus dem Jahr 1943. Dieser Persönlichkeitstest wurde sehr günstig aufgenommen, und das Interesse an ihm hat sich im Verlauf der Jahre nicht vermindert, im Gegenteil, es steigt noch.

Von welcher These ging der Erfinder des Tests aus?

Es ist eine literarische Binsenweisheit, daß sich Autoren mehr oder weniger mit den Hauptpersonen ihrer Romane gleichzusetzen pflegen. Hier schimmert ihre Lebensauffassung durch – sie spiegelt sich in den Ideen wider, die ihre Personen zum Ausdruck bringen oder in der Form, in der sie sie äußern. Aber im Werk H. A. Murrays geht es um mehr als nur die Projektion der Grundgedanken eines Autors; hier kommt ein weiterer Mechanismus hinzu: die von Freud als solche bezeichnete «Identifikation». Identifikation ist in der Psychoanalyse ein Vorgang, in dessen Verlauf sich ein Individuum mehr oder weniger unbewußt durch emotionale Bindung zeitweise oder

Was die Art der wahrgenommenen Objekte betrifft, so geben sie in symbolischer Form Aufschluß über das, was die Versuchsperson innerlich beschäftigt. Hier muß das Können des Psychologen einsetzen. Manche Antworten sind relativ leicht zu interpretieren: Man muß kein Weiser sein, um zu vermuten, daß jemand, für den so gut wie auf jedem Bild etwas Sexuelles vorkommt, stark an den Freuden des Fleisches interessiert ist. Doch bleibt auch hier noch zu differenzieren. Im allgemeinen haben die Antworten stark symbolischen Charakter und lassen sich nach den Regeln der Psychoanalyse interpretieren, nicht viel anders, als man bei der Traumdeutung vorgeht.

Darüber hinaus messen manche Testspezialisten auch den verschiedenen Testbildern selbst symbolische Bedeutungen bei. So werden von Mireille Monod (in «Le Symbolysme des planches...», «Bulletin de psychologie», Paris 30.11.1963) die Klecksbilder der Tafel II mit «mütterlich», der Tafel IV mit «väterlich» gleichgesetzt, während die Tafeln VI und VII Männliches und Weibliches anklingen lassen und das Verhältnis der Testperson zum eigenen oder zum anderen Geschlecht im Augenblick des Tests widerspiegeln.

Welchen Wert hat der Test?

Auch der Rorschach-Test muß, wie jeder andere Test, zuverlässig und gültig sein. Daher haben verschiedene Autoren den Versuch unternommen, seine Verläßlichkeit und Gültigkeit zu messen.

Verläßlichkeit: Haben die Antworten, die eine Testperson an einem bestimmten Tag gibt, eine echte Bedeutung? Oder sind sie nur der flüchtige Ausdruck ihrer Laune oder von Eindrücken aufgrund äußerer Einwirkungen in den vorangegangenen Tagen? Hier ein Beispiel, bei dem ich Zeuge war: Ein junges Mädchen, dem Äußeren nach gefaßt und ruhig, nahm an einer Auswahlprüfung für eine Stelle als Hostess bei einer bekannten Firma teil. Nach ihrem Rorschach-Test-Ergebnis mußte sie aggressiv und gefühlsmäßig wenig beherrscht sein, denn in den meisten Klecksbildern hatte die Kandidatin nur bunte Explosionen, farbiges Feuerwerk und ähnliches gesehen. Das Ergebnis des Rorschach-Tests stand im Widerspruch zu den übrigen Untersuchungsergebnissen. Der verblüffte Psychologe interviewte sie, wie üblich, um die Motivation dieser Antworten zu ermitteln. Schließlich stellte sich heraus, daß das junge Mädchen am Abend zuvor einen Film über Vulkanausbrüche gesehen hatte. Vor ihrem inneren Auge spiegelten sich noch immer die Farbaufnahmen von Feuer und Eruptionen aus dem Film. Es besteht also nur eine relative Verläßlichkeit, was die Gültigkeit der Antworten beim Rorschach-Test betrifft. Höchstwahrscheinlich hätte dasselbe junge Mädchen ein Jahr später bei einer neuen Konfrontation mit den Tintenklecksen in ihnen ganz etwas anderes gesehen.

Wie jedoch aus den vielen Arbeiten über den Rorschach-Test hervorgeht, darf man dieses Beispiel nicht als maßgeblich betrachten. Im Durchschnitt erbringt der Rorschach-Test sehr befriedigende Ergebnisse: Leute, die man nach einigen Monaten ein zweitesmal einem Rorschach-Test unterzog, erzielten im wesentlichen die gleichen Resultate wie beim ersten Test. Eine solche Meß-Wiederholung wird als Retest bezeichnet.

Gültigkeit: Es reicht noch nicht aus, daß die Testpersonen bei der Meß-Wiederholung die gleichen Antworten geben. Man muß auch wissen, ob diese Antworten den Wert haben, den Rorschach und seine Anhänger und Nachfolger ihnen beigemessen haben. Eine erste diesbezügliche Studie wurde 1938 in den Vereinigten Staaten veröffentlicht. Sie verglich die von Psychiatern an 50 Geisteskranken ermittelten diagnostischen Daten mit denen eines mit ihnen vorgenommenen Rorschach-Tests. In mehr als 80 % der Fälle ergab sich eine vollkommene Übereinstimmung der Diagnosen. Eine ähnliche Studie wurde («American Journal of Orthopsychiatry», 1948, Bd. 18) an 26 «Problemkindern» durchgeführt, die in eine Klinik für Umerziehung eingeliefert worden waren. Bei der Aufnahme des Kindes in die Klinik bestand nur 62 % Übereinstimmung zwischen Rorschach-Test und psychiatrischer Diagnose. Ein Jahr später jedoch, bei einem wiederholten Test und einer erneuten psychiatrischen Begutachtung, wurde eine Übereinstimmung von 88 % erreicht. Dabei ist zu bemerken, daß sich alle Abweichungen zugunsten des höheren Prozentsatzes auf Seiten der Psychiater ergaben. Für die Psychiatrie kann offenbar die Rorschach-Diagnostik sehr nützlich sein.

Auch auf dem Gebiet der Intelligenzmessung scheint sich der Rorschach-Test recht gut zu bewähren: 1965 erschien ein Bericht über Intelligenztests an Kindern, bei denen man nach der klassischen Methode von Binet-Simon vorgegangen war. Die Ergebnisse des Rorschach-Tests wurden dabei in 16 von 19 Fällen bestätigt.

Weitere Untersuchungen hatten das Ziel, die Gültigkeit des Tests für die Beurteilung der Persönlichkeit insbesondere hinsichtlich ihrer emotionellen Faktoren zu prüfen. Im ganzen waren die Resultate befriedigend. Rorschach hatte auf das, was er den «Erlebnistyp» nannte, ganz besonderes Gewicht gelegt. Dieser Typ ergibt sich aus dem Verhältnis von

$$\frac{B}{Fb} \quad \text{das heißt} \quad \frac{\text{Anzahl der Bewegungsantworten}}{\text{Anzahl der Farbantworten}}$$

Mehr B-Zahlen sind nach Rorschach ein Anzeichen für Neigung zur «Verinnerlichung», mehr Fb-Zahlen ein Ausdruck der Tendenz zur «Veräußerlichung» von Erlebnissen. Auch über Erlebnistypen sind vielfache Untersuchungen gemacht worden – sie erbrachten den Beweis, daß Rorschachs Formel sich bei fast allen Testpersonen bewährt. Der Rorschach-Test ergibt ein gutes Bild von der Tiefenperson.

Man hat sich nun folgende Frage gestellt: «Wenn man eine Persönlichkeit künstlich verändern würde, erhielte man dann auch andere Testantworten?» Wenn ja, wäre das ein indirekter Beweis für die Gültigkeit der Rorschach-Methode. Man ließ den Test von Personen ausführen, die unter Hypnose oder unter Drogeneinfluß standen, und gelangte zu interessanten Befunden. Es wurden beim Hypnose-Test vier Rorschach-Protokolle erstellt: eines mit der Testperson im Wachzustand, drei andere in Hypnose, wobei man ihr zuerst suggeriert hatte, sie sei sie selbst, dann, sie sei die berühmte Forscherin Madame Curie, und zuletzt, sie sei die Film-Diva Mae West. Zwischen den verschiedenen Zuständen waren beträchtliche Testergebnis-Unterschiede festzustellen; indes ließen sich diese nicht ohne weiteres mit der Identifikation der Testperson in Zusammenhang bringen. Auffallende Veränderungen wurden lediglich an den Inhaltsdeutungen festgestellt, wenn sich die Hypnotisierten für Mae

West beziehungsweise Madame Curie hielten. Doch es versteht sich, daß ein solches Experiment noch durch andere Beobachtungen ergänzt werden müßte.

Alles in allem scheint der Rorschach-Test seine weite Verbreitung zu verdienen. Mag er auch für die Psychiatrie besser geeignet sein als für die Anwendung an Gesunden, sind seine Ergebnisse dennoch stets aufschlußreich – freilich vorausgesetzt, daß man ihm eine gewisse Relativität zubilligt. Und, wichtiger noch, er sollte nur von erfahrenen Psychologen vorgenommen werden, die die Feinheiten seiner komplexen Methodik beherrschen.

Der Bildertest von Murray (T.A.T.)

Henry Alexander Murray, 1893 in New York geboren, Psychologie-Professor an der Universität Harvard, Gründer eines Instituts für Psychoanalyse in Boston, erfand einen nach ihm benannten Bildertest, den «Thematic Apperception Test», der im psychologischen Sprachgebrauch auf seine Anfangsbuchstaben T.A.T. abgekürzt wird. Die letzte Fassung des Tests stammt aus dem Jahr 1943. Dieser Persönlichkeitstest wurde sehr günstig aufgenommen, und das Interesse an ihm hat sich im Verlauf der Jahre nicht vermindert, im Gegenteil, es steigt noch.

Von welcher These ging der Erfinder des Tests aus?
Es ist eine literarische Binsenweisheit, daß sich Autoren mehr oder weniger mit den Hauptpersonen ihrer Romane gleichzusetzen pflegen. Hier schimmert ihre Lebensauffassung durch – sie spiegelt sich in den Ideen wider, die ihre Personen zum Ausdruck bringen oder in der Form, in der sie sie äußern. Aber im Werk H. A. Murrays geht es um mehr als nur die Projektion der Grundgedanken eines Autors; hier kommt ein weiterer Mechanismus hinzu: die von Freud als solche bezeichnete «Identifikation». Identifikation ist in der Psychoanalyse ein Vorgang, in dessen Verlauf sich ein Individuum mehr oder weniger unbewußt durch emotionale Bindung zeitweise oder

dauernd mit einem Mitmenschen «identifiziert», das heißt sich teilweise oder ganz in dessen Lage versetzt, sich seine Ansichten und Verhaltensweisen zu eigen macht, um nach seinem Vorbild zu handeln. Und mehr oder weniger bewußt identifiziert sich auch der Autor mit der zentralen Figur seines Romans, auf die er die persönlichen Probleme überträgt, mit denen er sich auseinandersetzt.

Aufgrund einer umfassenden und fachmännischen Kenntnis der Literatur und Literaturkritik haben sich Murray und sein Mitarbeiter Morgan gefragt, ob man nicht ähnlich wichtige Aufschlüsse aus Geschichten gewinnen könnte, die irgendeine beliebige Person erzählt oder niederschreibt. So kamen sie auf den Gedanken, eine Reihe von 20 Bildern zusammenzustellen, die zum Ausdenken von Geschichten anregen sollten.

Die Methode beruht auf der bekannten Tatsache, daß jemand, der eine komplexe soziale Situation zu schildern sucht, dabei oft viel über sich selbst aussagt. Er glaubt die Sache objektiv darzustellen. In Wirklichkeit jedoch legt er bestimmte seelische Strukturen bei sich bloß, verrät seine Wünsche, Befürchtungen, Erwartungen, Konflikte – seine Lebensgeschichte.

Worin besteht der T.A.T.-Test?

Je nachdem, ob man ihn auf Knaben, Mädchen oder Erwachsene anwendet, gibt es verschiedene Formen dieses Tests, und darüber hinaus eine Form, die sich auf jeden anwenden läßt. Der Test besteht aus 20 Bildern, die alle einen rätselhaften Inhalt haben, wobei aber 10 relativ alltägliche Szenen, die anderen 10 höchst ungewöhnliche szenische Zusammenhänge zeigen. Auf jedem Bild ist mindestens eine Person zu sehen, mit der sich die Testperson zu identifizieren vermag. Je nach dem Bild befindet sich diese Person in verschiedenartigen Situationen. Ich schildere hier einige davon, zunächst solche mit vertrauteren Bildgegenständen. (Zwar dürfen die Bilder des T.A.T. grundsätzlich nicht veröffentlicht werden, doch wir können sie hier mit spezieller Erlaubnis wenigstens in verkleinertem Format abdrucken, was ausreichen wird, um dem Leser eine Vorstellung zu vermitteln – Abb. 21 auf den Seiten 164–165.)

157

- Ein Junge betrachtet nachdenklich eine Geige, die vor ihm auf dem Tisch liegt.
- Eine Frau, von kleiner Gestalt, nicht jung, wendet einem großen jungen Mann den Rücken zu. Er schaut zu Boden.
- Eine junge Frau, die eine Zeitschrift und eine Handtasche hält, blickt hinter einem Baum hervor auf eine andere junge Frau, die in einem Ballkleid einen Strand entlang läuft.

Und hier drei Beispiele für Bilder mit ungewöhnlichem szenischem Inhalt:

- Ein junger Mann liegt mit geschlossenen Augen auf einem Bett ausgestreckt. An seinem Lager steht ein bejahrter Mann, der seine Hand über das Gesicht des Liegenden hält.
- Ein nackter junger Mann klettert an einem Seil hinauf oder hinunter.
- Eine Brücke überspannt Wasser. Über das Geländer neigt sich eine weibliche Gestalt. Im Hintergrund sieht man große Gebäude und kleine menschliche Figuren.

Die Neigung, sich in das Dargestellte hineinzuversetzen und daran herumzudeuten, erklärt auch die Popularität bestimmter Kunstwerke wie beispielsweise des Bildnisses der Mona Lisa. Als weiteres Beispiel dafür soll hier ein in Amerika sehr bekanntes Bild dienen, «Christinas Welt» von Andrew Wyeth (Abb. 22). Seine Beliebtheit ist vermutlich darauf zurückzuführen, daß jeder, der es betrachtet, sich in das Dargestellte hineinzuversetzen und der Szene eine eigene Deutung zu geben vermag.

Wie geht der Test vor sich?

Wie beim Rorschach-Test handelt es sich auch hier um einen Einzeltest. Er kann aber in abgewandelter Form auch mit Gruppen durchgeführt werden. Der Psychologe ist mit der Testperson allein und stellt ihr beispielsweise folgende Aufgabe: «Es geht darum, Ihre Phantasie zu testen. Ich werde Ihnen ein Bild zeigen und hätte gern, daß Sie mir schildern, was auf diesem Bild vor sich geht. Was tun die Personen auf diesem Bild? Wer sind sie? Was ist mit ihnen geschehen? Welche Gefühle und Gedanken bewegen sie? Ihrer Vorstel-

158

Abb. 22. «Christinas Welt» von Andrew Wyeth. Museum of Modern Art,
New York.

lungsgabe sind keine Grenzen gesetzt.» Die Testperson sieht sich das
erste Bild an. Jedes Wort, das sie dazu sagt, wird vom Psychologen
protokolliert oder besser noch auf Tonband aufgenommen. Im Verlauf des Tests wird der Untersucher die Testperson bisweilen ermun-
tern oder ihr kurze Fragen stellen, damit sie sich über diesen oder jenen Punkt genauer ausspricht.
Nehmen wir an, das Bild «Christinas Welt» sei ein Testbild. Eine
Testperson könnte dann folgende Geschichte erzählen: «Ich sehe ein
junges Mädchen vom Lande, das sich bei der Rückkehr vom Feld

den Knöchel verstaucht hat und sich ins Gras sinken ließ. Es hat Schmerzen. Es ist allein, und es fragt sich, wie es die Farm seiner Eltern erreichen soll, die es in der Ferne liegen sieht. Der Abend naht, es wird kühl, und das Mädchen hat nur ein leichtes Kleid an. Es wird sich auf den Knien zum Haus hinschleppen müssen, falls seine Eltern nicht unruhig werden und es suchen gehen.»

Eine andere Testperson wird vielleicht eine ganz andere Szene sehen: «Ich sehe ein junges Mädchen in den Ferien, das sich am Ende eines schönen warmen Sommertages auf der Wiese ausruht. Welcher Friede, welche Stille! Das junge Mädchen, das das ganze Jahr über als Stenotypistin in der Stadt arbeitet, würde diesen Augenblick des Friedens gern ins Unendliche verlängern. Die Ferien haben zum Glück erst angefangen. Mit zärtlichem Blick erfaßt es die Schönheit der Landschaft, in der es sich so wohl fühlt.»

Nun betrachten auch Sie dieses Bild und versuchen Sie zu erzählen, was es nach Ihrer Meinung darstellt. Und dann bitten Sie Ihre Freunde, das gleiche zu tun. Sie werden über die Vielzahl der Deutungsmöglichkeiten erstaunt sein. Es geht dabei nicht um ein Spiel, sondern darum, Ihnen die Funktionsweise des Tests besser verständlich zu machen.

Wie wird der Test ausgewertet?

Man kann die Ergebnisse eines T.A.T. nicht auf die gleiche Weise beurteilen wie die auf einem Fragebogen, noch kann man Wertungen vornehmen, wie sie der Rorschach-Test vorsieht. Die subjektive Auffassung des Untersuchers würde eine zu große Rolle spielen. Man kann indes nach Murray stufenweise vorgehen.

– Die Identifikation der Testperson mit dem Helden wird grundsätzlich vorausgesetzt. Die dem «Helden» beigelegten physischen oder moralischen Qualitäten geben bereits Aufschluß über die psychische Struktur der Testperson.

– Die Umgebung des «Helden» gibt den zweiten wichtigen Hinweis. Bei den vorhin angeführten Deutungen von «Christinas Welt» wurde die Umgebung des jungen Mädchens ganz verschieden wiedergegeben: «Es wird kühl... es sieht sein Elternhaus in der Ferne», und, im

Gegensatz dazu: «Ein schöner warmer Sommertag... eine friedliche Landschaft.»

– Was tut die Heldin? «Sie hat sich den Knöchel verstaucht.... sie fragt sich, wie sie das Haus in der Ferne erreichen soll», und entgegengesetzt: «Sie ruht sich aus... die Ferien haben erst angefangen.»

– Was empfindet sie? Der Seelenzustand, die Gefühle können eine pessimistische Färbung haben: «Der Abend naht, es wird kühl...», oder optimistischer Natur sein: «Welcher Friede... sie fühlt sich wohl.»

– Wie geht die Geschichte aus? Der Ausgang vermittelt eine Vorstellung von der Zukunftserwartung der Testperson. Er kann unglücklich sein, «sie wird sich auf den Knien hinschleppen müssen», oder glücklich, «die Ferien haben erst angefangen».

Bei der Bewertung der Testantworten muß auch die Einstellung der Testperson zur Untersuchungssituation in Rechnung gezogen werden. Jemand, der sich einem mit psychologischen Forschungen beschäftigten Freund zu Gefallen aus freien Stücken einem Test unterzieht, wird anders eingestellt sein als ein höherer Angestellter, der sich einem Auswahltest stellen muß. Ebenso wird ein Jugendlicher sich anders verhalten als ein Erwachsener, werden die Deutungen von Frauen anders sein als die von Männern usw.

Anwendungsgebiete des Tests

Der T.A.T. findet in der Psychiatrie, in der Pädagogik – es gibt eine speziell für kleine Kinder entwickelte Abwandlung des Tests, bei der Tiere die Hauptfiguren der Bildthemen sind – sowie in der Berufsberatung Anwendung. Wir bringen hierfür zwei Beispiele:

Auf pädagogischem Gebiet. Unser erstes Beispiel der pädagogischen Anwendung galt der Erforschung von Schuldgefühlen bei Kindern zwischen 10 und 17 Jahren (R. Nathan und G. Mauco in «Bulletin de Psychologie», 225, Paris 1963). Es handelte sich durchweg um Kinder, die schlechte Schulleistungen aufwiesen, obschon sie über gute intellektuelle Fähigkeiten verfügten. Hier das Beispiel eines 15jährigen Jungen, der zum zweitenmal sitzengeblieben war und dem sein Vater wegen seiner schlechten Leistungen heftige Vorwürfe machte.

Der Junge, als «Faulpelz» angeklagt, hatte sich die gleiche Sicht der Dinge zugelegt und litt an einem sehr starken Schuldgefühl, das seine Arbeitsfähigkeit lähmte und ihn entmutigte.

Das Protokoll seiner Antworten auf den T.A.T. läßt deutlich dieses lähmende Schuldgefühl erkennen:

– Zu dem Bild, auf dem ein Junge nachdenklich eine Geige betrachtet, die vor ihm auf dem Tisch liegt, sagte er: «Das Kind fragt sich, wie es diese Geige spielen soll. Es zerbricht sich den Kopf, bestimmt wird ihm nichts einfallen. Seine Augen sind auf das Instrument gerichtet, und es überlegt, wie es ihm mit dem Bogen Töne entlocken könnte. Der Junge stützt den Kopf in die Hände und versucht sich zu begeistern für das, was er vor sich sieht. Es wird ihm aber nicht gelingen.»

– Zu dem Bild, auf dem ein nackter Mann an einem Seil hochklettert, sagte er: «Da ist ein Junge, der ein Seil hochklettert. Unten stehen Kinder, die sich über ihn amüsieren. Anstatt den Lehrer anzusehen, der ihm zeigt, wie man es macht, hat er es nicht getan. Er hätte seine Muskeln anspannen können. Er hat nicht hingehört. Alle werden ihn auslachen, das ist das Ende.»

Die Geschichten, die er zu den anderen Bildthemen erzählt, verraten die gleichen Gefühle der Schuld und Entmutigung. Hier die Antwort zu demselben Bild von einem 12jährigen Kind, das sein Vater wegen seiner Zeugnisse mit Hohn und manchmal sogar mit Schlägen bedenkt:

«Dies ist ein Junge, der ein Turnexamen gemacht hat. Er klettert an dem Seil in die Höhe, und plötzlich reißt das Seil. Er landet auf dem Fußboden, und es endet damit, daß er ins Krankenhaus kommt.» Das Kind scheint sich mit dem Kletterer zu identifizieren, der buchstäblich «an der Leine zerrt» auf die Gefahr hin, daß sie reißt, das heißt, daß er in ernste Schwierigkeiten gerät.

Bei der Personalauswahl. Unser Beispiel hier ist einem Artikel von Alain Sarton («Le Travail au T.A.T.», «Bulletin de psychologie», 225, Paris 1963) entnommen. Die Frage, die sich der Autor stellt, ist auch für den Arbeitgeber die wichtigste: «Wird sich die Mitarbeit dieser Person für den Betrieb rentieren?» Nach Sarton werden die Antwor-

162

ten auf den T.A.T. wichtige Elemente zur Beurteilung liefern, da eine Geschichte zu erzählen «an sich schon eine Arbeit und solchen Tätigkeiten nicht unähnlich ist, bei denen es auf Initiative und persönliche Verantwortungsfreude ankommt». Die Deutung gewisser Bilder gibt über berufliche Fähigkeiten mehr Aufschluß als andere. Das trifft besonders auf das Bild zu, auf dem man vier Männer in Arbeitskleidung auf dem Rasen liegen und sich ausruhen sieht.

Hier folgen die Antworten von zwei Ingenieuren zu dieser Tafel mit kurzem Kommentar:

«G.A., 30 Jahre alt, hervorragende intellektuelle Begabung, gute Anpassungsgabe, gute Kontaktfähigkeit, (aber) nur mäßig in der Motivation, Erzählungen thematisch banal mit Umwegen und Lücken.»

Die Geschichte der Testperson zu dem beschriebenen Bild: «Es handelt sich um eine Arbeitsmannschaft, die ihren Weg unterbrochen hat, um sich auszuruhen auf einem grünen Fleckchen, das sie fand. Haben ihre Taschen nicht weit davon stehen lassen. Es ist heiß. Einer von ihnen hat mehr Mumm, ist zuerst aufgewacht und sagt, daß sie weitergehen müssen, da der Weg bis zur Unterkunft noch weit ist. Gleich werden sie aufstehen und weitergehen.»

«M. A., 32 Jahre alt, hervorragende intellektuelle Begabung, gute Anpassung, obwohl ein wenig «zerebral»... gutes erzählerisches und motivliches Niveau, Erzählungen organisiert und vollständig, mit einer gewissen Bemühung um Originalität.»

Deutung des Bildes: «Es handelt sich hier um eine Gruppe von umherziehenden Landarbeitern, die sich in verschiedenen Gegenden zur Erntezeit verdingen. Sie kommen vom Süden und bereisen ganz Frankreich. Hier sieht man sie am Ende einer Arbeitspause, kurz bevor sie wieder arbeiten. Sobald die jetzige Arbeit beendet ist, reist die Gruppe weiter in andere Gebiete, wo die Ernte gerade beginnt.»

Die zweite Geschichte ist klarer, im Inhalt strukturierter und dynamischer als die erste.

Welchen Wert hat der Test?

Man kann sich fragen, wie weit die Testantworten der Gefahr unterliegen, nur eine momentane, vorübergehende Stimmung der Test-

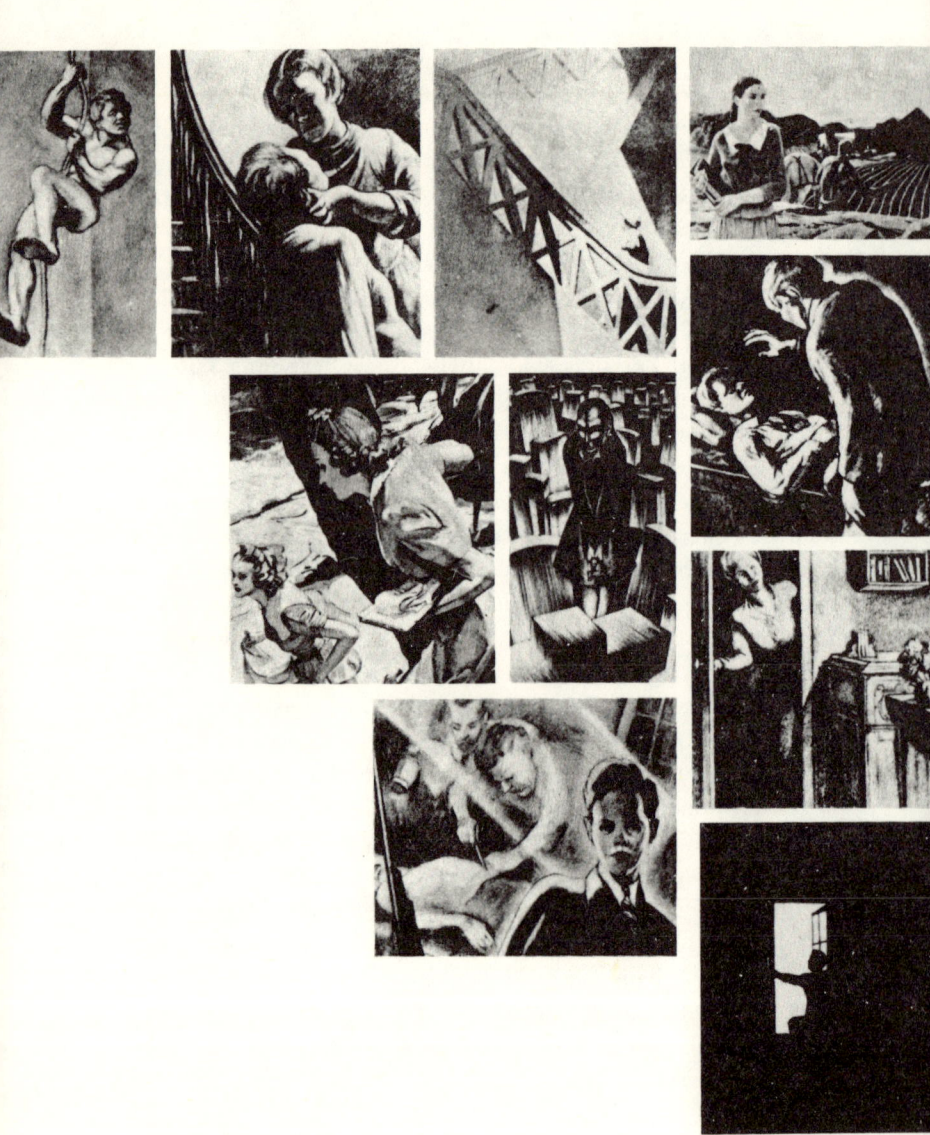

Abb. 21. Die Bilder des «Thematic Apperception Test» (T.A.T.).

164

person widerzuspiegeln oder von ihren jüngsten Erlebnissen beeinflußt zu werden. In diesem Fall wäre der Test nicht zuverlässig, da die Antworten je nach dem Erlebten verschieden ausfallen würden. Trotzdem kann man sich auf den Test verlassen, sofern sich die Antworten auf die Persönlichkeitsstruktur der Testperson und ihre ständigen Probleme beziehen. Vorübergehende Erlebnisse werden sich hier nur auf den Stil der Antworten auswirken, die aber im wesentlichen zu verschiedenen Zeiten vergleichbare Aussagen enthalten. Dieses Problem der Verläßlichkeit statistisch anzugehen, ist bei so vielfältigen Beantwortungsmöglichkeiten schwierig. Fachleute steuern dazu interessante Feststellungen bei, z. B.: «41 Kinder ließ man den T.A.T.-Test machen, nachdem sie einen Film vorgeführt bekommen hatten. Es zeigte sich, daß sie vom Inhalt des Films so gut wie gar nicht beeinflußt worden waren.»

Ein zweiter Beweis für die Verläßlichkeit eines Tests ist die Übereinstimmung verschiedener Auswerter in der Analyse der Testergebnisse – sie ist beim T.A.T. mit guten Resultaten erprobt worden.

Auch der diagnostische Wert des Tests gilt als erwiesen. Untersuchungen haben gezeigt, daß der T.A.T. in den Händen kompetenter Interpreten wichtige Aufschlüsse über eine Vielzahl von Eigenschaften, Fähigkeiten und Einzelheiten aus der Geschichte der Persönlichkeit liefert. Insbesondere ermöglicht er offenbar gute Voraussagen hinsichtlich der Führungsqualitäten der Bewerber um eine Anstellung. Die Erzählungen einer intelligenten, kooperativen, innerlich freien Testperson werden oft eine unerschöpfliche Fülle von Gegebenheiten liefern, die alle Arten von Perspektiven eröffnen und eine detaillierte Analyse ihrer Persönlichkeit erlauben. Aber Testpersonen sind nicht immer «intelligent, kooperativ und innerlich frei». Zumal bei der psychotechnischen Auswahluntersuchung haben die Testpersonen mehr oder weniger Angst. Oder ein Prüfling (der vielleicht *zu* intelligent ist) will sich nicht ausliefern und erteilt nur neutral, kurz und vorsichtig Antwort. Ein anderer wieder wird vielleicht nicht in der Lage sein, seinem Gedankenreichtum Ausdruck zu geben, da er Kontaktschwierigkeiten unterliegt. Wieder ein anderer, mit einer sprühenden Phantasie begabt, wird schließlich im Gegenteil unerschöpflich in seinen Mitteilungen sein, dafür aber in allem an der Oberfläche bleiben.

Natürlich wird solchen Verhaltensweisen im Test Rechnung getragen, und der mit dem T.A.T. erfahrene Psychologe wird imstande sein, sich durch das Antwortenlabyrinth hindurchzufinden.

Der Rosenzweig-Frustrations-Test

Diesem Testverfahren wird der Leser seltener begegnen, wenn er sich einer Auswahlprüfung stellt. Der sogenannte Frustrations-Test, nach dem Namen seines Erfinders «Rosenzweig-P.-F.-Test» (picture-frustration-test) benannt, gehört zu den Projektions-Tests und wurde zur Bewertung eines bestimmten Aspekts der Persönlichkeit, nämlich ihrer Reaktion auf Frustration, entwickelt.

Frustration ist ein bedeutsamer Begriff der Psychoanalyse. Frustration entsteht immer dann, wenn ein Mensch sich einem Hindernis gegenüber sieht, das ihm die Befriedigung eines Bedürfnisses unmöglich macht. Im täglichen Leben kommen solche Situationen häufig vor. Zum Beispiel: Sie stehen eine Stunde lang vor einem Kino an, und gerade in dem Augenblick, wo Sie an der Kasse sind, heißt es, der Saal sei besetzt. Wir alle kennen solche Frustrations-Situationen und haben sie auch bei anderen mit angesehen. Keiner wird dabei begeistert sein, doch reagiert jeder Mensch anders. Der eine wird zornig werden und versuchen, den Eingang zu erzwingen; der andere zuckt die Schultern und geht; wieder ein anderer wird geduldig die nächste Vorstellung abwarten, nochmal ein anderer wird sich Vorwürfe machen, daß er nicht eher gekommen ist, wieder ein anderer schiebt die Schuld auf seine Frau, die immer zuviel Zeit brauche, sich anzuziehen usw. Durch die Beobachtung von Reaktionen in Frustrations-Situationen können wir Aufschlüsse über die Persönlichkeit des Frustrierten erhalten.

Das Testmaterial
Der Rosenzweig-Test besteht aus einer Reihe von 24 Bildern, auf de-

Abb. 23. Wiedergabe mit Genehmigung des «Centre de Psychologie appliquée», Paris.

nen je eine «Frustrations-Lage» dargestellt ist. Eine solche Situation zeigt auch die Abbildung 23. Die Darstellungsweise erinnert an Witzzeichnungen. Zwei Personen stehen sich gegenüber. Was die eine sagt, steht auf der Sprechfahne zu lesen, die Sprechfahne der anderen ist leer. Beachten Sie, daß zwar die Lage für die eine Person offensichtlich ärgerlich ist, daß sich aber aus Miene und Haltung nicht ablesen läßt, was sie sagen könnte.

Wie geht der Test vor sich?
Die Testperson erhält ein Heft, das der Untersucher mit ihr durchgeht. Auf jedem Bild in diesem Heft sieht man zwei (oder mehr) Per-

sonen, die miteinander sprechen. Was die eine sagt, ist stets gegeben. Die Testperson erhält den Auftrag: «Überlegen Sie, was die andere antworten könnte, und tragen Sie gleich das erste, das Ihnen in den Sinn kommt, in die unbedruckte Sprechfahne ein. Tun Sie es so schnell Sie können.»

Hier einige Schilderungen von Frustrations-Situationen aus dem täglichen Leben, wie sie im Test vorkommen:

– Ein Mann wurde von einem Auto angespritzt, das nun bei rotem Licht anhalten muß;

– Eine Frau hat im Kino eine andere mit einem riesigen Hut vor sich sitzen;

– Ein Mann hat seinen Zug durch die Schuld eines anderen verpaßt;

– Ein Mann, der sich als Lügner behandeln lassen muß;

– Eine Person, die um zwei Uhr nachts von einem Telefonanruf geweckt wird, der sich als Irrtum herausstellt, usw.

Saul Rosenzweig geht davon aus, daß die Testperson sich in ihrer Antwort mit der benachteiligten Person identifiziert, indem sie dieser eine Äußerung in den Mund legt, die für ihre eigene Reaktion typisch ist. Ebenso wird unterstellt, daß die Testergebnisse die Projektion der eigenen Reaktionen im Fall solcher Situationen repräsentieren.

Wie werden die Antworten gedeutet?

Rosenzweig hat unter den möglichen Antworten eine Unterscheidung getroffen, die auf der Frustrationstheorie basiert. Diese Theorie besagt, daß Frustrationen im allgemeinen mehr oder weniger ausgeprägte aggressive Reaktionen zur Folge haben. (Beobachten Sie, wie sich die Leute verhalten, wenn man ihnen den Eintritt ins Kino verwehrt!) Diese Aggressionen können sich auf verschiedene Weise äußern. Rosenzweig unterscheidet drei solcher Reaktionsweisen.

Die «extrapunitive» Reaktion: In diesem Fall richtet sich die Aggression deutlich gegen die Umwelt. Die anderen sind es, die unrecht haben. Betrachten wir Abbildung 23. Die Bibliotheksaufseherin sagt zu der Dame: «Nach den Bibliotheksbestimmungen dürfen Sie nicht mehr als zwei Bücher auf einmal mitnehmen.»

169

Beispiel für eine «extrapunitive» Antwort der Dame:

«Anscheinend kennen Sie die Bestimmungen gar nicht. Bei Ihrer Vorgängerin durfte ich immer mehr als zwei Bücher mitnehmen!»

Die «intropunitive» Reaktion: In diesem Fall richtet die frustrierte Person ihre aggressiven Gefühle gegen sich selbst.

Beispiel für eine «intropunitive» Antwort im gleichen Fall:

«Entschuldigen Sie bitte. Wo habe ich nur heute meine Gedanken? Es ist mir ja bekannt, daß man nicht mehr als zwei Bücher entleihen darf.»

Die «impunitive» Reaktion: In diesem Fall versucht die frustrierte Person das Problem zu «überspielen», indem sie, meist auf konziliante Weise, die Bedeutung der Frustration zu minimieren sucht. Zum Beispiel:

«Sie haben recht. Aber vielleicht ist es möglich, eine Ausnahme zu machen? Es handelt sich um vier kleine Bände ein und desselben Werkes.»

Darüber hinaus hat Rosenzweig beobachtet, daß die Reaktionen drei Hauptrichtungen folgen können:

Das Bedürfnisziel wird weiter verfolgt: In unserem Beispiel wäre das bei jeder Antwort der Fall, die auf die Ausleihung der Bücher abzielt und erkennen läßt, daß die Befriedigung des Bedürfnisses trotz Hindernis weiterhin angestrebt wird.

Die Abwehr: Es ist die Bedrohung der Persönlichkeit selbst, die hier vor allem empfunden wird. Das ist der Fall bei jeder Antwort, die eine Selbstanklage oder eine Selbstverteidigung enthält.

Das Hindernis dominiert: Die Testperson ist weder fähig, ihr Ich zu verteidigen, noch ihr ursprüngliches Ziel weiter zu verfolgen. Das hinderliche Problem blockiert ihr gesamtes Denken.

Wie wird der Test ausgewertet?

Nach Rosenzweigs Schema werden die Antworten numeriert und neun Klassen zugeordnet, je nachdem die Aggression auf die Umwelt oder gegen die Persönlichkeit selbst gerichtet oder vermieden wird; je nachdem auch, ob sie auf die Person oder das Objekt abzielt oder ob sie eine Blockierung vor dem Hindernis zeigt. In einem

Handbuch über die Auswertung des Tests führt der Autor eine Reihe von Antwort-Normen auf, die er aus Versuchen an mehr als 400 Personen hergeleitet hat. Sie erlaubten ihm zu ermitteln, ob eine Antwort mit dem Durchschnitt der Antworten übereinstimmte oder von ihm abwich. So erhält man zunächst Aufschluß über die sogenannte «Gruppenkonformität» der Antworten, dann errechnet man ein Gesamtbild aufgrund der Häufigkeit des Erscheinens der jeweils neun möglichen Antworttypen. Die Antwort: «Anscheinend kennen Sie die Bestimmungen selbst nicht», ist z. B. eine auf die andere Person gerichtete «extrapunitive» Reaktion.

Wie schlüssig ist der Test?

Der Test erbringt vor allem qualitative Bewertungen und Hinweise, die noch durch andere Testverfahren ergänzt werden sollten. Man hat übrigens festgestellt, daß die «extrapunitiven» Antworten mit dem Alter zunehmen. Sie betragen bei 45jährigen 56 %, während sie bei der Altersstufe von 12 bis 13 Jahren lediglich 40 % ausmachen. Aber für dieses Ergebnis findet sich nicht so leicht eine Erklärung.

Die Theorie des Tests ist klar, seine Auswertung ist klar. Aber ebenso ist, unserer Meinung nach, auch der Testperson der Zweck des Tests klar. Die Anweisung lautet, sie solle beim Betrachten der Bildsituation «spontan» sagen, was ihr dazu «einfällt». Doch jeder wird die alte Weisheit kennen, wonach man zuerst denken soll, ehe man spricht. Im Auswahltest nun wird der Kandidat das, was ihm spontan einfällt, weislich mildern. Mit Hilfe des Tests möchte man aber die echten Reaktionen eines Menschen feststellen, der wiederholten Frustrationen ausgesetzt ist. Schon die Häufung von unangenehmen Situationen bewirkt indes, daß die Testperson aufmerksam wird und sich bisweilen darauf beschränkt, so neutral wie möglich zu antworten. Oft hält die Testperson den Test für einen reinen Höflichkeitstest oder für eine Prüfung auf charakterliche Anständigkeit. Dies zu beobachten, hatte übrigens der Autor dieses Buches Gelegenheit, als er seinen Militärdienst in einer Auswahlstelle für Beförderungen leistete:

Etwa drei Dutzend Feldwebel und Unteroffiziere, Haudegen, die

171

sich bereits ausgezeichnet hatten, wurden bei der Armee einem Rosenzweig-P.-F.-Test unterzogen. Resultat: Die Antworten dieser sonst üblicherweise höchst kämpferischen, dynamischen, aggressiven Typen folgten alle dem gleichen Schema, sie waren stets «intropunitiv». Zum Beispiel: «Der Fehler ist auf meiner Seite», «Verzeihen Sie, Madame», «Sie haben recht, Monsieur» usw. Diese Leute hatten durchschaut, daß sie aufgrund ihrer Bewertung durch psychotechnische Prüfungen für neue Aufgaben bereitgestellt oder gar befördert werden konnten. Für sie war dieser Test nichts anderes als eine Prüfung ihrer Disziplin. Solches Verhalten, beeilen wir uns hinzuzufügen, muß nicht notwendigerweise «projektiv» wertlos sein. Es offenbart nur die Schwächen des Tests. Für seine Gültigkeit sind der gute Wille und die Spontaneität der Testperson unerläßlich.

Wortassoziationen und Satzergänzungen

Hier eine Aufstellung von einigen Wörtern. Notieren Sie so schnell wie möglich das erste Wort, das Ihnen beim Anblick eines der folgenden Wörter einfällt. Beispiel: «Kraft» – «Energie» (oder irgendein anderes Wort).

Rot . . . .   Heirat . . . .

Schlaf . . . .   Doktor . . . .

Und hier folgen drei unvollständige Sätze. Sie sollten sie so spontan wie möglich ergänzen:

Mein Vater hatte die Gewohnheit . . . .

Es gibt Augenblicke, in denen . . . .

Die Leute meinen, ich sei . . . .

Diese einfachen Beispiele sollten lediglich dazu dienen, Sie in die Lage von jemandem zu versetzen, der einen Test mit Wortassoziationen oder Satzergänzungen durchmachen soll. Es handelt sich dabei um die älteste Projektions-Technik zur Erkenntnis der Persönlichkeit. Sie beruht auf dem Prinzip der Ideenassoziation. Erfolgt unsere

Antwort spontan, kann sie tatsächlich Aufschluß geben über das, was uns innerlich in Anspruch nimmt, über unsere Neigungen, über bestimmte Entwicklungen in unserem früheren Leben. Denn Wörter sind nicht neutral. Um jeden Ausdruck kreist in unserem Innern eine ganze Welt von Gedanken und unterbewußten Gefühlen. Viele Wortassoziationen, die sich bei uns einstellen, werden banal sein, andere hingegen reich an Interpretationsmöglichkeiten. Ob Ihnen zum Wort ROT «blau» oder «Blut», «untergehende Sonne» oder «Kommunist» einfällt, ist keineswegs Zufall; ebensowenig, ob Sie auf das Wort HEIRAT «Glück», «Junggeselle» oder «Scheidung» antworten. Schon 1879 hat Francis Galton (1822–1911), einer der Väter der modernen Psychologie und einer der ersten, der die Statistik bei der Untersuchung von Intelligenzfaktoren zu Hilfe nahm, diese Methode experimentell angewandt. Aber es war C. G. Jung vorbehalten, sie 1906 gewissermaßen in den Adelsstand zu erheben, indem er sich ihrer bei der Untersuchung der Komplexe bediente. Jung ging dabei von einer Standardprozedur aus, bei der mit Testpersonen zweimal eine Liste von 100 Reizwörtern durchgegangen wird. In einem Vortrag an der Clark University fesselte er seine Zuhörer mit einer Anekdote: Ein Hausmädchen stand im Verdacht, eine lederne Brieftasche, eine silberne Uhr sowie eine Quittung des Schuhgeschäfts Dosenbach in Zürich gestohlen zu haben. Indem er sie und zwei weitere Verdächtige einem Wortassoziations-Test unterzog, dessen Liste die Reizwörter Leder, Brieftasche, Silber und Dosenbach enthielt, konnte er sie nach Prüfung der Wortantworten und der dazu benötigten Zeit «festnageln» (es erwies sich, daß er recht hatte).
Seitdem ist eine große Zahl von anderen Wortassoziations- und Satzergänzungs-Tests entwickelt worden.
Hier der Anfang der Jungschen Reizwortliste:
Kopf, grün, Wasser, stechen, Engel, lang, Schiff, pflücken, Wolle, nett usw.
Und hier der Anfang der Reizwortliste eines anderen ziemlich verbreiteten Tests von Kent und Rosanoff:
fest, düster, Musik, Krankheit, Mensch, tief, sanft, essen, Berg, Haus usw.

173

Wie wird der Test gedeutet?

Nach Jung und seiner Schule läßt eine bestimmte Art von Symptomen gewisse Schlüsse auf die Persönlichkeit der Testperson zu. Diese Anzeichen nennt man «Komplex-Indikatoren». Hier die wichtigsten dieser Anzeichen:

Verlängerte Reaktionszeit (bis man eine Antwort erhält): Nach Julian B. Rotter gilt «eine Reaktion von mehr als 2,6 Sekunden Dauer gewöhnlich als signifikant». Man vermutet, daß diese verlangsamte Reaktion mit einer emotionalen Störung, einer «Blockierung» zusammenhängt.

Ausbleiben der Antwort: Hier ist die Blockierung total, doch kann sie natürlich mehrere Ursachen haben (Nichtbegreifen des Wortes, Konflikt zwischen zwei möglichen Assoziationen oder vollständige geistige Leere).

Wiederholung der Antwort auf zwei oder mehrere (einander folgende) Reizwörter: Hier tritt auf, was man als Phänomen der Perseveration (die Beharrungstendenz der Vorstellungsinhalte) bezeichnet: Die durch das erste Wort ausgelöste innere Bewegung herrscht im Bewußtsein der Testperson so lange vor, daß sie außerstande ist, ein anderes Wort zu finden. Die Perseveration kann auch ein Anzeichen für große Ideenarmut sein oder dafür, daß die Testperson etwas verbergen will.

Nervös geflüsterte Antwort: Eine Verhaltensstörung liegt vor, wenn die Antwort nur flüsternd gegeben und von nervösen Handbewegungen, Hüsteln, Räuspern usw. begleitet wird.

Subjektive und objektive Antworten: Sie sind ein Gegenstück zu den «guten» und «schlechten» Antworten Rorschachs, die wir schon kennenlernten. Die *objektiven* Antworten bestehen in erwarteten Antworten, in normalen Ideenassoziationen, sei es, daß sie dem Sinne nach entstehen, zum Beispiel HUNGER – Not, oder dem Klang nach, zum Beispiel: MEIN – dein, sei es dem Gegensatz nach, zum Beispiel GROSS – klein usw. *Subjektive* Antworten sind überraschende Antworten, zum Beispiel MUTTER – Hexe, GLÜCK – Schande, REZITATION – Strafe usw.

Wie beim Rorschach-Test darf selbstverständlich die Differenzierung zwischen objektiven und subjektiven Antworten nicht willkürlich erfolgen. Im allgemeinen greift man dabei auf eine Häufigkeits-Tabelle der Antworten zurück. Das geschieht im Fall des Wortassoziations-Tests von Palermo und Jenkins, die eine Liste von 1000 Antworten von Studenten der Universität Minnesota sowie deren Häufigkeit aufgestellt haben.

Hier ein Beispiel der auf zwei Reizwörter am häufigsten gegebenen, also «objektivsten» Antworten:

SCHLAF: Bett (203), müde (133), Ruhe (104), Traum (63), Nacht (42), Erwachen (27), friedlich (24), ruhig (12).

WHISKY: trinken (328), Rausch (110), Flasche (55), Schnaps (52), Alkohol (35), Bier (33), gut (27), schlecht (23).

Für dieselben Reizwörter wurden auch gewisse seltene und seltsame Antworten registriert. Für SCHLAF: Tier, Henker, wunderbares Gemetzel. Für WHISKY: schrecklich, alter Kram, vulgär.

Welchen Zweck erfüllen die Wortassoziations- und Satzergänzungs-Tests?

Wortassoziations-Tests werden in verschiedener Form auf fast allen Gebieten der Psychologie angewandt zu dem Zweck, die Interessen und Einstellungen von Testpersonen zu ermitteln. Es ist zum Beispiel interessant, zu beobachten, daß Männer und Frauen unterschiedliche Arten von Assoziationen haben. In ihrem Test zur Ermittlung der Männlichkeit bzw. Weiblichkeit der Einstellung (M-F-Test) erhielten die amerikanischen Psychologen Terman und Miles auf dieselben Reizwörter jeweils Antworten, die für Jungen bzw. Mädchen typisch waren (s. Tabelle S. 176).

Aus diesem Beispiel ist zu ersehen, wie sich die verschiedenen Neigungen und Interessen in den Wortassoziationen niederschlagen können.

Für den Test der Ergänzung unvollständiger Sätze (der in vielen Variationen existiert) gibt es ebenfalls interessante Anwendungsmöglichkeiten. Als Beispiel hier ein von Julian B. Rotter durchgeführtes Experiment. Es ging darum, den Grad der Anpassung von Schülern zu ermitteln und festzustellen, wie weit sie der Beratung durch einen

Typisch männliche und typisch weibliche Antworten

Reizwort	männl. Antworten, übliche	weibl. Antworten, übliche
blau	Farbe des Himmels	Kleiderfarbe
Fleisch	Essen	blaßrosa
Schrank	Tür	Kleider
Garten	Unkraut	Blumen
Pulver	Schrot	Kopfweh
Heim	Haus	Glück
faszinierend	Schlange	Schönheit
Arm	Bein	Körperteil
schön	Wetter	blond
Religion	Gott	Kirche
Krieg	Soldaten	Haß
korpulent	stark	fett
sanft	Pferd	Mutter

Psychologen bedurften. Rotter fertigte eine Skala von (für Mädchen und Jungen unterschiedlichen) Satzergänzungen an, deren Inhalt sich von Ablehnung bis Akzeptierung bewegte. Beispiel: «Mein Vater...» (Antworten für Jungen):
– verspricht vieles und hält nie etwas,
– ist schwer zu verstehen und streng,
– hat niemals eine Chance gehabt,
– ist sehr intelligent, wenn auch nicht sehr kultiviert,
– ist ein guter Mensch,
– ist der beste der Welt.
Rotter stellte statistisch fest, daß eine enge Verbindung zwischen den Antworten der Testpersonen und dem Grad ihrer Anpassung bestand.
In diesem Fall hat der Test seine Gültigkeit erwiesen. Ist es aber immer so? Nach Spezialisten dieser Methode müssen die Resultate hier mit besonderer Sorgfalt interpretiert werden. Mögen die Antworten

auch Anzeigen für emotionelle Störungen enthalten, so geben sie doch kaum Hinweise auf die Art dieser Störungen. Hier zeigen sich die Grenzen der freien Assoziation. «Für die Mehrzahl der Psychologen indes ist ihr diagnostischer oder analytischer Wert von geringerer Bedeutung als ihre Brauchbarkeit für die Gewinnung von Aufschlüssen über die Gedanken- und Gefühlsinhalte der Testperson», meint Rotter.

Der Dorftest

Die Idee zu diesem Test stammt aus dem Jahr 1911. In einem seiner Bücher schilderte der englische Schriftsteller H. G. Wells (1866–1946) ein Spiel, das er mit seinen Kindern zu spielen pflegte. Es bestand darin, kleine Spielzeughäuschen und andere Figürchen auf dem Fußboden des Zimmers zu «Städten» und «Inseln» zusammenzufügen. An dieses Buch, das sie in ihrer Jugend gelesen hatte, erinnerte sich etwa 1925 Margaret Lowenfeld, Leiterin des Instituts für Kinderpsychologie in London, als sie nach einem Instrument suchte, das «für die Untersuchung des vom Realitätssinn noch unabhängigen kindlichen Denkens, in dem sich jedoch die dem Kindesalter eigentümlichen Reflexionen, Gefühle und Empfindungen ausdrücken», geeignet sein konnte. So entstanden erst einige Vorformen der spielerischen Verwendung von Materialien und schließlich ein «Welt-Test». Dieser Test fand großen Anklang; es wurden noch weitere Formen entwickelt, aus denen 1939 der «Dorf-Test» hervorging. Mit diesem Test und seinen Varianten werden wir uns hier beschäftigen.

Wie geht der Test vor sich?
Die Testperson sitzt an einem Tisch, der nach Möglichkeit viereckig ist. Neben ihr befindet sich ein Kasten, der die einzelnen Elemente eines Miniaturdorfs enthält. Der Psychologe weist die Testperson an: «Bauen Sie aus diesem Material ein Phantasie-Dorf, in dem Sie wohnen möchten.» Die Testperson beginnt mit ihrer Arbeit, während der

Untersucher jeden Zug ihres Verhaltens protokolliert sowie sich die Zeit notiert, die sie für den Aufbau braucht.

Die Testperson hat reichlich Material zur Verfügung: außer den Wohnhäusern eine Kirche, ein Rathaus, ein Krankenhaus, eine Schule, Fleischerei, Bäckerei und Café. Darüber hinaus noch Bäume, runde Laubbäume und spitze nach Art von Nadelhölzern, Mauern, Gartenzäune, Autos und schließlich noch menschliche Figuren, insgesamt bis zu 300 Teile.

Es wird keine Zeitgrenze gesetzt, die Testperson kann sich so lange mit ihrer Aufgabe beschäftigen, wie sie es wünscht. Hat sie sie beendet, wird sie vom Psychologen gebeten, sie zu kommentieren, was oft reichen Aufschluß gibt. Dann stellt er eine Reihe von Fragen: «Wo wohnen Sie in diesem Dorf? Was tun Sie dort? Welche Ecke gefällt Ihnen am besten? Entstammt Ihr Dorf rein Ihrer Phantasie? Oder gibt es etwas daran, das Sie an einen Ort erinnert, den Sie kennen? An welchen?» usw.

Zu guter Letzt stellt der Psychologe auf einem Blatt Papier einen Plan des Dorfes her, in dem die Bestandteile mit Symbolen gekennzeichnet sind. Abbildung 24 zeigt das Foto eines von einer Testperson aufgebauten Dorfes und Abbildung 25 den davon angefertigten Plan.

Wie wird der Test gedeutet?

Die Testauswertung ist vor allem raumsymbolischer Art. Nach dem bekannten Psychologen Roger Mucchielli kann man mit der Deutung des Tests über vier Variablen Aufschluß erhalten. Ferner wird der Symbolgehalt ausgedeutet. Befassen wir uns zunächst mit den vier Variablen Mucchiellis.

Das geistige Alter: Bis zum Alter von etwa 8 Jahren hängt die allgemeine Form des Dorfes im wesentlichen von der intellektuellen Entwicklung des Kindes ab. Zum Beispiel baut das Kind bis zum 5. Lebensjahr normalerweise alle Häuser in einfachen Reihen auf, ohne daß man deshalb auf Anzeichen von Stereotypie schließen müßte, wie es bei Erwachsenen der Fall wäre. Im Alter von etwa 5 bis 6 Jahren errichtet es normalerweise Einfriedungen, ohne daß man darin

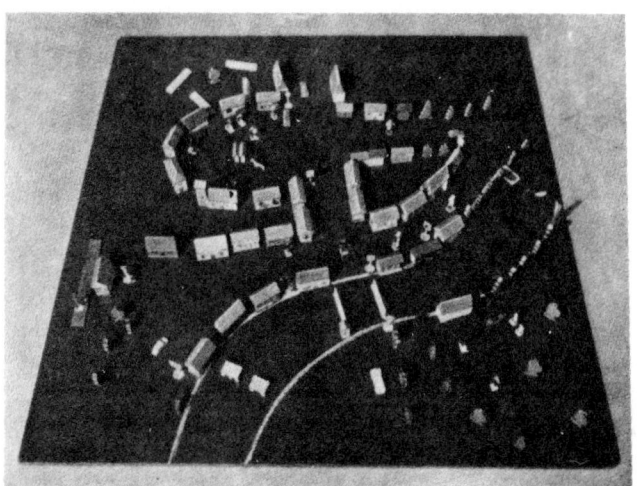

Abb. 24. Fotografie eines Test-Dorfes.

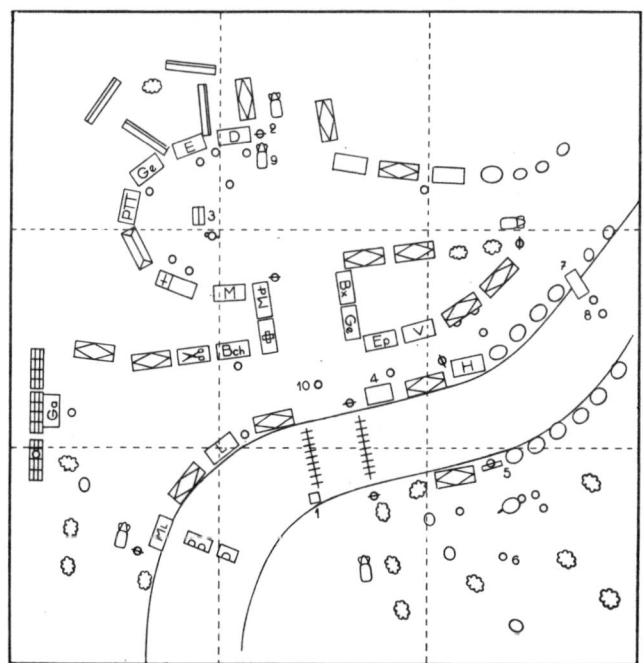

Abb. 25. Der kodifizierte Plan.

ein Zeichen des Zurückgezogenseins auf sich selbst sehen könnte. Erst vom achten Lebensjahr der Testperson an kann man ihrem Dorf Aufschlüsse über die Tiefenperson entnehmen.

Der Charakter: Bei diesem Test hat man es wieder mit Charakterelementen zu tun, wie wir sie aus dem ersten Teil unseres Buches kennen, mit solchen nämlich, die mit der Körperkonstitution zusammenhängen. Informationen dieser Art über die Testperson gewinnt der Psychologe daraus, wie sie beim Aufbau des Dorfes vorgeht, aus ihren Gesten und dem, was sie dabei sagt, sowie auch aus der Struktur des Dorfes selbst usw.

Der kulturelle Hintergrund: Die Konstruktion des Dorfes wird weitgehend vom Milieu, vom Heimatland, von der sozialen Schicht und den Alltagserfahrungen eines jeden abhängen. Das ist wesentlich: Man darf das Dorf eines Arbeiters, der nie über seinen Industrievorort hinausgekommen ist, nicht nach den gleichen Maßstäben bemessen wie das eines Bauern, der ebenfalls nichts anderes kennt als seinen Heimatort. Zwangsläufig wird das Dorf eines Nordamerikaners, eines Kongolesen und eines Pekingchinesen bei gleichem Testmaterial jeweils eine andere Konstruktion aufweisen. Das Testmaterial sollte übrigens den ethnischen Gruppen angepaßt werden.

Die Innenwelt: Mucchielli meint, daß die wichtigsten Testaufschlüsse aus dem Vorbewußten herrühren. Damit ist nach Freud das «Bewußtseinsfähige» gemeint, ein spezieller Bereich des Geistes, der weder ganz zum Bewußtsein noch ganz zur Tiefe des Unbewußten gehört. «Das imaginäre Dorf ist eine pseudowirkliche Welt, die an die Stelle der perzeptorisch wahrgenommenen Welt tritt.» Nach anderen Psychologen vermag man mit dem Dorf-Test in die tiefsten Tiefen der Persönlichkeit vorzudringen. Sie finden hier symbolischen Ausdruck, den man entschlüsseln muß, um seine Bedeutung zu erfassen.

Der Symbolik kommt demnach bei diesem Test besondere Wichtigkeit zu. Sie tritt hier in zwei Formen in Erscheinung: einmal äußert sie sich raumsymbolisch, zum anderen in der den Bauelementen des Dorfes beigemessenen sinnbildlichen Bedeutung.

Der Raum: Es steht der Testperson vollkommen frei, wie sie die Materialien auf der Platte anordnen will. Sie wird meist bestimmten

180

Zonen der Fläche den Vorzug geben vor anderen, die sie frei läßt. Das wird entweder oben oder unten und rechts oder links sein. Das hat eine Bedeutung, die wesentlich mit der Raumsymbolik der Schrift übereinstimmt:

- links: Innenleben, Zurückgezogenheit, Flucht vor der Umwelt
- rechts: Expansion, Neigung zur Aktivität und nach außen
- nach oben: Ferne, Zukunft, Risiko
- nach unten: Sorge um die Gegenwart, Begrenzung der Aktivität auf das Naheliegende

Durch Kombinationen gelangt man zu folgenden Bedeutungen der einzelnen Viertel:

Links oben	Rechts oben
träumen Erinnerungen nachhängen, denken, vom tätigen Leben abwenden	Vorstellungen im Bereich des Möglichen, planen, geben
erhalten für sich bewahren, sich verbergen	erwerben, realisieren, Geschicklichkeit
Links unten	Rechts unten

Hier zwei Beispiele Mucchiellis, zur Erläuterung der erwähnten Symbol-Theorie:

Die in sich geschlossene Welt einer Fünfundsiebzigjährigen. Abbildung 26/1 zeigt ein Dorf, das von einer fünfundsiebzig Jahre alten Dame angelegt wurde, die ganz zurückgezogen lebt und nur an ihr enges, egozentrisches und bequemes Leben denkt. Das «Dorf» besteht aus «ihrem Haus» (im Zentrum) umgeben von den für sie lebensnotwendigsten Geschäften.

Die unfruchtbaren Träume eines Dreißigjährigen. Abbildung 26/2: Dieses ganz in der oberen Hälfte der Fläche aufgebaute Dorf stammt von einem Dreißigjährigen, der unter einer unfruchtbaren berufli-

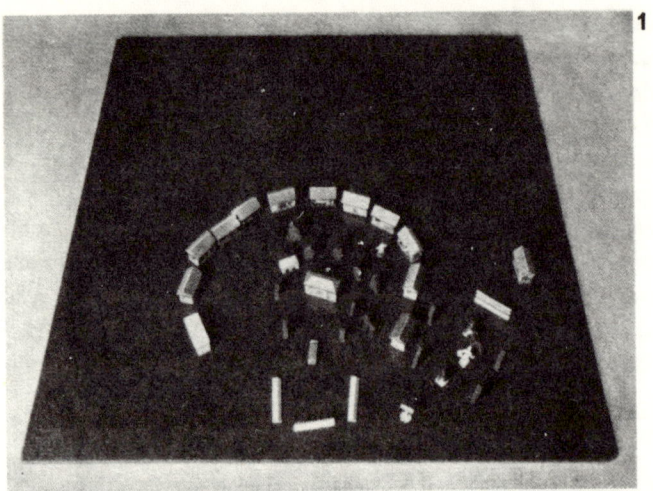

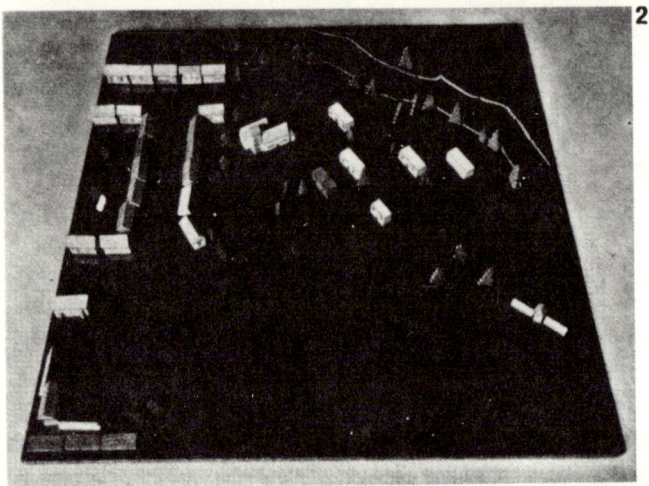

Abb. 26. Aus R. Mucchielli, «Le Jeu du monde et le test du village imaginaire», Paris 1960.

chen Situation leidet und sich, von dem Wunsch erfüllt, ihr zu entfliehen, in Träume und Pläne flüchtet.

Die sinnbildliche Bedeutung der Bauelemente: Wir bringen hier einige Deutungen, die aber nur dann Gültigkeit haben können, wenn das betreffende Element von besonderer Bedeutung für die Testperson ist und dem allgemeinen Testinhalt nicht widerspricht.

– *Die Kirche.* Sie bedeutet natürlich das religiöse Leben, aber auch die traditionelle Autorität und «zuerst und vor allem das Ich in dem Maße, als die Kirche einfach als Zentrum des Dorfes betrachtet wird».

– *Die Fleischerei.* «Versinnbildlicht die Gewalt, die Aggression gegen Wehrlose.»

– *Die Apotheke.* «Um die Gesundheit besorgt, oft unpäßlich, Zuflucht zu Medikamenten, Angst vor Krankheit.»

– *Die Schule.* «Gemahnt an Orte, wo man sich unterrichtet, an Lehranstalten, an die Kindheit und an die Jahre der Kindheit.»

– *Der Bahnhof.* «Versinnbildlicht den Abschied, Veränderungen im Leben, Bruch mit der Gegenwart.»

Es ist nicht unsere Absicht, diese Deutungen der Symbole zu rechtfertigen oder sie gar zu kritisieren. Für den Testspezialisten haben sie nur dann Gültigkeit, wenn sie durch das Verhalten und durch Äußerungen der Testperson bestätigt werden. Ein Beispiel Mucchiellis: «Eine (männliche) Testperson plaziert die Fabrik mit viel Sorgfalt ein wenig abseits von der Straße, umgibt sie mit Bäumen... Sein Kommentar dazu lautet: ‹Hier stelle ich die Fabrik hin... ich weiß nicht, was hier produziert wird... Ich wollte ihr einen bevorzugten Platz einräumen, sie attraktiver machen, es ist mir nicht ganz gelungen...› Diese Äußerungen haben offenkundig symbolische Bedeutung. Sie bedeuten in Wirklichkeit (die Testperson hat einen hohen Posten in einem großen Werk inne): ‹Mein Beruf... ich kann ihn nicht bestimmen... ich habe versucht, ihn aufzuwerten, anziehend zu machen, um vor mir selbst zu verbergen, wie unerfreulich und undankbar er ist... ich kann nicht behaupten, daß mir das gelungen wäre...›»

«Diese Deutung löste bei der Testperson vollkommene Zustimmung und große Überraschung aus», fügt der Autor hinzu.

Wie man sieht, bietet der Dorf-Test recht reizvolle Möglichkeiten zur Erkenntnis der Persönlichkeit. Er wird heute häufig angewendet, vor allem bei der Berufsberatung, der Personalauswahl und in der Psychotherapie. Anderen Tests hat er eines voraus: Er wird von den Testpersonen bereitwillig akzeptiert, und sie führen ihn anscheinend auch spontan aus. Leider ist die Auswertung des Dorf-Tests recht kompliziert, seine Interpretation sehr schwierig. Wir haben sie hier nur in großen Zügen skizziert.

Es gibt natürlich noch andere interessante Projektions-Tests. Wir mußten uns hier auf einige wenige beschränken.

Schlußwort

Wird aus der verwirrenden Vielfalt eine Einheit?

Der Mensch ist ein Wesen vielfältiger Art, und vielfältig sind die Methoden, mit deren Hilfe man ihn zu durchschauen sucht. Doch zugleich ist der Mensch auch eine lebendige Einheit. Jede der verschiedenen Untersuchungsweisen, die wir hier erörtern, bringt etwas Wahres zutage. Können wir aber deshalb behaupten, daß jede von ihnen uns den Menschen, den wir gerade vor uns haben, ganz und gültig zu beschreiben vermöchte? Das wäre anmaßend.

Zunächst einmal gibt es fraglos in jedem lebenden Wesen etwas Unfaßbares, das sich auch den subtilsten Forschungsmethoden entzieht. Hinzu kommt noch unsere Ratlosigkeit angesichts des Menschen in seinem Widerspruch. Unter den sieben Schleiern der Persönlichkeit eines Menschen entdecken wir nur selten harmonisch verbundene Elemente, sondern im Gegenteil meist einander widersprechende Tendenzen. Zum Beispiel: Jener auffallend gekleidete korpulente Mann mag unter seinem extravertierten Äußeren einen tiefsitzenden unbewußten Minderwertigkeitskomplex verbergen. Oder: Eine Frau, die nach Projektions-Tests intelligent und dynamisch ist, hat eine kleine, unsichere Handschrift. Solche Probleme stellen sich dem Charakterologen täglich, so wie sie auch uns alle Tage begegnen. Der Mensch ist häufiger «ein schwankendes Rohr im Wind» und voller Widersprüche als eine Persönlichkeit, deren charakterliche Tendenzen stets in ein und dieselbe Richtung streben.

Jeder Zugang zum Menschen eröffnet nur einen Teil der Wahrheit, wenn auch gewisse Enthusiasten das nicht wahrhaben wollen. Die Charakterologie, eine junge Wissenschaft, leidet ein wenig unter einem Überfluß an Methoden. Man muß dabei unwillkürlich an die moderne Atomphysik denken: Immer neue Elementarteilchen werden entdeckt, die den Physiker schließlich in Verlegenheit setzen. Man wartet förmlich auf das Genie, das eine Gleichung findet, die all diese Teilentdeckungen zu einer harmonischen Synthese zusammenfügt. Ebenso wäre eine einheitliche Theorie in der Charakterologie zu begrüßen. Anstatt auf den Gegensätzen herumzureiten, sollte man sich um die Aufdeckung der Gemeinsamkeiten der verschiedenen Typologien bemühen. Sie sind ja vorhanden, und das erlaubt die Hoffnung, daß die nächste Psychologengeneration zu einer charakterologischen Synthese gelangen wird. Voraussetzung ist, daß der Spezialist, anstatt sich auf eine bestimmte Richtung zu versteifen, sich dem nicht verschließt, was an anderen Zugangswegen interessant ist und auch die Schwächen der eigenen Doktrin erkennt.

Die Charakterologie steckt in einem Dilemma: Sie muß einerseits zu einem Maximum an statistischer Objektivität gelangen, läuft aber dabei Gefahr, das Phänomen, um das es geht, um seine Anschaulichkeit und Lebendigkeit zu bringen. Es ist in der Tat ein fundamentales Problem: Will man das Leben mit Hilfe von statistischen Methoden erfassen, läuft man Gefahr, es zu ersticken.

Hingegen wird ohne statistische Kontrolle jeder Art von Phantastereien Tür und Tor geöffnet, die Entstehung präziser Gesetze wird hier verhindert.

Doch das sind Querelen um Doktrinen – sie haben uns ein wenig von unserem praktischen Ziel abgebracht: im täglichen Leben den anderen zu erkennen. Die moderne Psychologie hat wertvolle Instrumente geschaffen, die unsere oft versagende Intuition zu ergänzen vermögen. Und bis es eines Tages zur Einheit in der Charakterologie kommt, führen uns die in diesem Buch dargelegten und die vielen anderen Verfahren zur Kenntnis dieses rätselhaften Wesens, das uns so nah und doch so fern ist – des Mitmenschen.